基督教经典译丛

主编　何光沪
副主编　章雪富　孙　毅　游冠辉

The Life of Moses
摩西的生平

［古罗马］尼撒的格列高利　著

石敏敏　译

三联书店

Simplified Chinese Copyright © 2010 by SDX Joint Publishing Company. All Rights Reserved.

本作品中文简体版权由生活·读书·新知三联书店所有。
未经许可，不得翻印。

图书在版编目（CIP）数据

摩西的生平／（古罗马）尼撒的格列高利著；石敏敏译.
—北京：生活·读书·新知三联书店，2010.11（2024.8 重印）
（基督教经典译丛）
ISBN 978-7-108-03518-9

Ⅰ.①摩⋯　Ⅱ.①尼⋯②石⋯　Ⅲ.①犹太人－研究②犹太教－宗教哲学－研究③圣经－研究　Ⅳ.①B985②B971

中国版本图书馆 CIP 数据核字（2010）第 158122 号

丛书策划	橡树文字工作室
责任编辑	张艳华
特约编辑	许国永
封面设计	罗　洪

出版发行　生活·讀書·新知 三联书店
　　　　　（北京市东城区美术馆东街 22 号）
邮　　编　100010
经　　销　新华书店
印　　刷　北京隆昌伟业印刷有限公司
版　　次　2010 年 11 月北京第 1 版
　　　　　2024 年 8 月北京第 5 次印刷
开　　本　635 毫米 × 965 毫米　1/16　印张 11.5
字　　数　146 千字
印　　数　17,001－20,000 册
定　　价　38.00 元

基督教经典译丛
总　　序
何光沪

在当今的全球时代,"文明的冲突"会造成文明的毁灭,因为由之引起的无限战争,意味着人类、动物、植物和整个地球的浩劫。而"文明的交流"则带来文明的更新,因为由之导向的文明和谐,意味着各文明自身的新陈代谢、各文明之间的取长补短、全世界文明的和平共处以及全人类文化的繁荣新生。

"文明的交流"最为重要的手段之一,乃是对不同文明或文化的经典之翻译。就中西两大文明而言,从17世纪初以利玛窦(Matteo Ricci)为首的传教士开始把儒家经典译为西文,到19世纪末宗教学创始人、英籍德裔学术大师缪勒(F. M. Müller)编辑出版五十卷《东方圣书集》,包括儒教、道教和佛教等宗教经典在内的中华文明成果,被大量翻译介绍到了西方各国,从徐光启到严复等中国学者、从林乐知(Y. J. Allen)到傅兰雅(John Fryer)等西方学者开始把西方自然科学和社会科学著作译为中文,直到20世纪末叶,商务印书馆、生活·读书·新知三联书店和其他有历史眼光的中国出版社组织翻译西方的哲学、历史、文学和其他学科著作,西方的科学技术和人文社科书籍也被大量翻译介绍到了中国。这些翻译出版活动,不但促进了中学西传和西学东渐的双向"文明交流",而且催化了中华文明的新陈代谢,以及中国社会的现代转型。

清末以来,先进的中国人向西方学习、"取长补短"的历程,经历了两大阶段。第一阶段的主导思想是"师夷长技以制夷",表现为洋务运动之向往"船坚炮利",追求"富国强兵",最多只求学习西方的工业技术和物质文明,结果是以优势的海军败于日本,以军事的失败表现出制度的失败。第二阶段的主导思想是"民主加科学",表现为五四新文化运动之尊崇"德赛二先生",中国社会在几乎一个世纪中不断从革命走向革命之后,到现在仍然需要进行民主政治的建设和科学精神的培养。大体说来,这两大阶段显示出国人对西方文明的认识由十分肤浅到较为深入,有了第一次深化,从物质层面深入到制度层面。

正如观察一支球队,不能光看其体力、技术,还要研究其组织、战略,更要探究其精神、品格,同样地,观察西方文明,不能光看其工业、技术,还要研究其社会、政治,更要探究其精神、灵性。因为任何文明都包含物质、制度和精神三个不可分割的层面,舍其一则不能得其究竟。正由于自觉或不自觉地认识到了这一点,到了20世纪末叶,中国终于有了一些有历史眼光的学者、译者和出版者,开始翻译出版西方文明精神层面的核心——基督教方面的著作,从而开启了对西方文明的认识由较为深入到更加深入的第二次深化,从制度层面深入到精神层面。

与此相关,第一阶段的翻译是以自然科学和技术书籍为主,第二阶段的翻译是以社会科学和人文书籍为主,而第三阶段的翻译,虽然开始不久,但已深入到西方文明的核心,有了一些基督教方面的著作。

实际上,基督教对世界历史和人类社会的影响,绝不止于西方文明。无数历史学家、文化学家、社会学家、艺术史家、科学史家、伦理学家、政治学家和哲学家已经证明,基督教两千年来,从东方走向西方再走向南方,已经极大地影响,甚至改变了人类社会从上古时代沿袭下来的对生命的价值、两性和妇女、博爱和慈善、保健和教育、劳动和经济、科学和学术、自由和正义、法律和政治、文学和艺术等等几乎所有生活领域的观念,从而塑造了今日世界的面貌。这个诞生于亚洲或"东方",传入了欧洲或"西方",再传入亚、非、拉美或"南方"的世界第一大宗教,现在因为信众大部分在发展中国家,被称为"南方宗教"。但是,它本来就不属于任何一"方"——由于今日世界上已经没有一个国家没有其存在，所以它已经不仅仅在宗教意义上，而且是在现实意义上展现了它"普世宗教"的本质。

因此，对基督教经典的翻译，其意义早已不止于"西学"研究或对西方文明研究的需要，而早已在于对世界历史和人类文明了解的需要了。

这里所谓"基督教经典"，同结集为"大藏经"的佛教经典和结集为"道藏"的道教经典相类似，是指基督教历代的重要著作或大师名作，而不是指基督徒视为唯一神圣的上帝启示"圣经"。但是，由于基督教历代的重要著作或大师名作汗牛充栋、浩如烟海，绝不可能也没有必要像佛藏道藏那样结集为一套"大丛书"，所以，在此所谓"经典译丛"，最多只能奢望成为比佛藏道藏的部头小很多很多的一套丛书。

然而，说它的重要性不会"小很多很多"，却并非奢望。远的不说，只看看我们的近邻，被称为"翻译大国"的日本和韩国——这两个曾经拜中国文化为师的国家，由于体现为"即时而大量翻译西方著作"的谦虚好学精神，一先一后地在文化上加强新陈代谢、大力吐故纳新，从而迈进了亚洲甚至世界上最先进国家的行列。众所周知，日本在"脱亚入欧"的口号下，韩国在其人口中基督徒比例迅猛增长的情况下，反而比我国更多更好地保存了东方传统或儒家文化的精粹，而且不是仅仅保存在书本里，而是保存在生活中。这一事实，加上海内外华人基督徒保留优秀传统道德的大量事实，都表明基督教与儒家的优秀传统可以相辅相成，这实在值得我们深长思之！

基督教在唐朝贞观九年（公元635年）传入中国，唐太宗派宰相房玄龄率官廷卫队到京城西郊欢迎传教士阿罗本主教，接到皇帝的书房让其翻译圣经，又接到皇宫内室听其传讲教义，"深知正真，特令传授"。三年之后（公元638年），太宗又发布诏书说："详其教旨，玄妙无为；观其元宗，生成立要。……济物利人，宜行天下。"换言之，唐太宗经过研究，肯定基督教对社会具有有益的作用，对人生具有积极的意义，遂下令让其在全国传播（他甚至命令有关部门在京城建造教堂，设立神职，颁赐肖像给教堂以示支持）。这无疑显示出这位大政治家超常的见识、智慧和胸襟。一千多年之后，在这个问题上，一位对中国文化和社会贡献极大的翻译家严复，也显示了同样的见识、智慧和胸襟。他在主张发展科学教育、清除"宗教流毒"的同时，指出宗教随社会进步程度而有高低之别，认为基督教对中国民众教化大有好处："教者，随群演之浅深为高下，而常有以扶民性之偏。今假景教大行于此土，其能取吾人之缺点而补苴之，殆无疑义。且吾国小民之众，往往自有生以来，未受一言之德育。一旦有人焉，临以帝天之神，时为耳提而面命，使知人理之要，存于相爱而不欺，此于教化，岂曰小补！"（孟德斯鸠《法意》第十九章十八节译者按语。）另外两位新文化运动的领袖即胡适之和陈独秀，都不是基督徒，而且也批判宗教，但他们又都同时认为，耶稣的人格精神和道德改革对中国社会有益，宜于在中国推广（胡适：《基督教与中国》；陈独秀：《致〈新青年〉读者》）。

当然，我们编辑出版这套译丛，首先是想对我国的"西学"研究、人文学术和宗教学术研究提供资料。鉴于上述理由，我们也希望这项工作对于中西文明的交流有所贡献，还希望通过对西方文明精神认识的深化，对于中国文化的更新和中国社会的进步有所贡献，更希望本着中国传统中谦虚好学、从善如流、生生不已的精神，通过对世界历史和人类文明中基督教精神动力的了解，对于当今道德滑坡严重、精神文化堪忧的现状有所补益。

尽管近年来翻译界出版界已有不少有识之士，在这方面艰辛努力，完成了一些极有意义的工作，泽及后人，令人钦佩。但是，对我们这样一个拥有十几亿人口的千年古国和文化大国来说，已经完成的工作与这么巨大的历史性需要相比，真好比杯水车薪，还是远远不够的。例如，即使以最严格的"经典"标准缩小译介规模，这么一个文化大国，竟然连阿奎那（Thomas Aquinas）举世皆知的千年巨著《神学大全》和加尔文（John

Calvin）影响历史的世界经典《基督教要义》，都尚未翻译出版，这无论如何是令人汗颜的。总之，在这方面，国人还有漫长的路要走。

本译丛的翻译出版，就是想以我们这微薄的努力，踏上这漫长的旅程，并与诸多同道一起，参与和推动中华文化更新的大业。

最后，我们应向读者交代一下这套译丛的几点设想。

第一，译丛的选书，兼顾学术性、文化性与可读性。即从神学、哲学、史学、伦理学、宗教学等多学科的学术角度出发，考虑有关经典在社会、历史和文化上的影响，顾及不同职业、不同专业、不同层次的读者需要，选择经典作家的经典作品。

第二，译丛的读者，包括全国从中央到地方的社会科学院和各级各类人文社科研究机构的研究人员，高等学校哲学、宗教、人文、社科院系的学者师生，中央到地方各级统战部门的官员和研究人员，各级党校相关教员和有关课程学员，各级政府宗教事务部门官员和研究人员，以及各宗教的教职人员、一般信众和普通读者。

第三，译丛的内容，涵盖公元1世纪基督教产生至今所有的历史时期。包含古代时期（1—6世纪），中古时期（6—16世纪）和现代时期（16—20世纪）三大部分。三个时期的起讫年代与通常按政治事件划分历史时期的起讫年代略有出入，这是由于思想史自身的某些特征，特别是基督教思想史的发展特征所致。例如，政治史的古代时期与中古时期以西罗马帝国灭亡为界，中古时期与现代时期（或近代时期）以17世纪英国革命为界；但是，基督教教父思想在西罗马帝国灭亡后仍持续了近百年，而英国革命的清教思想渊源则无疑应追溯到16世纪宗教改革。由此而有了本译丛三大部分的时期划分。这种时期划分，也可以从思想史和宗教史的角度，提醒我们注意宗教和思想因素对于世界进程和社会发展的重要作用。

中国人民大学宜园
2008年11月

目 录

中译本导言（陈廷忠） 1
前　言 1
序　言 1
导　论 1

第一卷　摩西的生平或论美德上的完全

前　言 3
摩西的历史 8

第二卷　对摩西生平的沉思

出生与孩提时代 29
燃烧的荆棘 34
遇见亚伦 41
宣告解救 45
埃及的灾祸 47
变得刚硬的法老之心和自由意志 49
长子之死 54
离开埃及 57
埃及的财富 60
云　柱 61
过红海 63

旷野中的最初停靠地 …………………………………… 66
吗　哪 ………………………………………………………… 68
与亚玛力人争战 …………………………………………… 71
神圣知识之山 ……………………………………………… 73
幽　暗 ………………………………………………………… 76
天上的帐幕 ………………………………………………… 80
属地的帐幕 ………………………………………………… 85
祭司的服饰 ………………………………………………… 87
法　版 ………………………………………………………… 91
永恒的进步 ………………………………………………… 96
摩西遭人嫉妒 ……………………………………………… 107
约书亚和探子 ……………………………………………… 109
铜　蛇 ………………………………………………………… 110
真正的祭司之职 …………………………………………… 112
正　道 ………………………………………………………… 115
巴兰和摩押的女儿 ………………………………………… 116
仆人的完全 ………………………………………………… 120
结　论 ………………………………………………………… 124

参考书目 ………………………………………………………… 126
缩略语 …………………………………………………………… 128
译后记 …………………………………………………………… 130

中译本导言

陈廷忠

尼撒的格列高利之生平与影响

尼撒的格列高利是著名的卡帕多西亚三杰中的一位,约在公元330年出生于基督徒世家,祖上早期在罗马帝王戴克理先(Diocletian)手下受逼迫,逃亡至本都(Pontus),却不因此放弃信仰,反而成为德高望重的慈善世家。这个家族对沙漠传统的修道运动尤为信服,常常鼓励小辈思想这种静修生活。格列高利父母膝下有十个儿女,其中一个夭折,大女儿玛克丽娜(Macrina)是家中弟兄姐妹最为景仰的,格列高利与姐姐尤其贴近,他在著作中为姐姐写传记,并以他与临终时的姐姐的对话来探讨死亡与复活的神学。他哥哥凯撒利亚的巴西尔亦非常闻名,是欧洲东方希腊传统的大神学家。①

根据一些书信以及他在著作中的暗示,我们推测格列高利可能结过婚,早期醉心于柏拉图哲学,他的哥哥巴西尔自从奉行了沙漠传统的退隐生活后,曾多次邀请他加入却被拒绝。可在巴西尔当了凯撒利亚的主教时,为了保全并扩大尼西亚派正统的势力,他在372年强封其弟为尼撒区的主教。格列高利对这一任务毫无兴趣,而当时的皇帝华伦斯(Valens)站

---

① 关于格列高利的生平可在众多历史书籍中寻到,笔者在这里只提两则:J. Danielou (ed.), *From Glory to Glory: Text from Gregory of Nyssa's Mystical Writings* (NY: St. Vladimir Seminary Press, 1979), 3—10, A. Meridith, *The Cappadocians* (London: Geoffrey Chapman, 1995), 52—54。

在反对正统的一边,所以借故罢免了他的主教职位,并指控他盗用公款。但格列高利将错就错,在经过挫折与思考后,从修道主义哲理获得了安慰。虽然他还是没有退隐之心,可在写作上却厚厚地抹上了一层修道灵修的色彩,他也因此对灵修神学做出了不可磨灭的贡献。

377 年末,格列高利获得平反,凯旋回到尼撒。379 年,巴西尔逝世,从此尼西亚派传统的传承落在格列高利的身上,他现在已不在哥哥的强势阴影之下,反而在思维上大大地灵活起来,从他留下的著作看,无论在神学、灵修还是在教会治理上,他都成绩斐然。他先借助于巴西尔的思想,然后重新加以诠释,结果以崭新的思维突破哥哥在思维上不完整的地方,如对《创世记》1 章的诠释,从巴西尔那里到了格列高利的手上,却成为思想完整的基督教人论,他还进而带入自己独特的思维方向:*akolouthia*。②

380 年,格列高利因为要对付攻击巴西尔神学的异端分子欧诺米乌,写下了辩辞,强调基督的神、人二性,开始了他为三位一体论而进行的神学论证。在皇帝狄奥多西(Theodosius)于 381 年所开的大公会议中,他站在尼西亚正统派的立场上,大放异彩,为正统派打下了扎实的基础。380—385 年是格列高利在神学论证与教会影响上的高峰期,经过了无数次的神学争论后,大家渐渐达成共识,局势似乎已趋于平稳,于是他就开始专注于信徒的生活与灵命进深,写下了不朽的灵修作品,思维独到,理论严谨,而且文笔引人入胜,其中一卷就是本书:《摩西的生平》。

上帝的无穷尽性、灵性的循序渐进、圣经解经法

早期的中国信徒以及来中国的宣教士对所谓的灵意解经(寓意解经)都颇有好感,举例来说,宣教士如戴德生等、中国著名的领袖如倪

---

② 参见下文的分析。

析声、贾玉铭等均使用这样的解经法。可在西方近代以历史文法解经为主干之后,对现代的解经家产生了极大的影响,灵意解经常常成为释经学者的笑柄,被认为是完全不切实际的解经法,你可以随意给予文本任何一种自我想象的解释,止于个人的丰富想象的限制而已。可是近期,不少学者因为活跃于文学架构分析,开始重新评估"灵意解经"在释经史上的适切性和位置。③

希腊文 *allegoria*（寓意解经）原本的意思是:"另类 (*allo*) 的公开演说"④,即是"言说背后的另一个意思",不是一种言说的表达,而是与中文的"指桑骂槐"式的言语同出一炉。寓意解经是希腊哲学常用的工具,柏拉图主义对这样的解经法不以为然,而较同情这种看法者却是斯多葛学派。

虽然巴西尔对寓意解经表示怀疑,可格列高利在他的《〈雅歌〉讲章》的序言中极力维护他使用的寓意解经法。他认为我们不能只停留于字面的意义 (*procheiros tes lexews emphasis*)。但他的做法与其他的希腊传统有两大不同:他认为必须尊重字面的解释,因为这是他的信仰经典,一切的解经须先从文本开始。这是他对奥利金及更早的传统释经法的致敬。其次,他认为文本也有其内在的道德与属灵含义,否则就只是历史叙述而已,文本不只是让读者累积历史数据与知识,而更加重要之处在于圣经的首要作用是培育灵性,因为我们不能排除字面文本以外的属灵解释,而这种解释其实也是解经者需要最终达到的目标。

格列高利这样做无疑承袭了他的属灵鼻祖奥利金的传统,也即第三世纪亚历山大派的解经传统。⑤这个传统注重经文意义的多元性,继承柏拉图式的形而上哲理,认为事物具有"有形"与"超形"的双重实在。从

---

③ 参见 Andrew Louth, *Discerning the Mystery* (Oxford: OUP, 1983); Frances Young, "Allegory and the Ethics of Reading", in Francis Watson (ed), *The Open Text: New Direction for Biblical Studies*? (London: SCM Press, 1993), 103－120。

④ 参见 Jon Whitman, *Allegory: The Dynamics of An Ancient and mediaeval Technique* (Oxford: OUP, 1987)。

⑤ 参见 Steven L. Chase, "'What Happens Next?': Biblical Exegesis and Path of the Soul's Journey in Origen and Gregory of Nyssa", *The Patristic and Byzantine Review* 10 (1991), 34－45。

亚历山大派的灵修神学来看，摩西在历史上的实际经历，有神的呼召与带领，一切按神的意旨，可这实际的经历还有更深一层的属灵意义：它代表心灵向神的方向提升的经历。格列高利称前者为"*historia*"，后者为"*theoria*"，认为后者是通往完美的道路。

格列高利以上帝的无穷尽性（Divine inexhaustibility）来描述心灵的经历，认为上帝若是无穷尽，追寻他的心灵必会踏上无穷尽的追寻道路。心灵与上帝的交往只能因为经历上帝的美善，而不断地产生追求的渴望。物质的奢望在最低俗的渴望上也是如此，人们永远不能满足于现有的拥有物，厌旧追新的欲望无法填平，最终成为物质的奴隶。追求上帝的心灵虽然也产生了永不满足的渴望，可这渴望完全是倾向上帝的美善，使它在享受所得的满足、提升心灵的美善之余，仍然清楚知道上帝美善的无穷尽宝藏，因此产生更强烈的渴望。圣经中保罗就有类似的描述："这不是说我已经得着了，已经完全了，我乃是竭力追求，或者可以得着基督耶稣所以得着我的。弟兄们，我不是以为自己已经得着了。我只有一件事，就是忘记背后，努力面前的，向着标竿直跑，要得神在基督耶稣里从上面召我来得的奖赏……然而，我们到了什么地步，就当照着什么地步行。"（腓 3：12—16）

对格列高利来说，灵命的增长有方向，也有程序。他经常使用的词是："*akolouthia*"，简单的解释是如保罗所说："我们到了什么地步，就当照着什么地步行"（腓 3：16），像攀登阶梯似的，一个层次的提升是接着前一次的提升，如此类推。这样的描述在格列高利的思想中成为主要的线索：他的神学旨趣也是从人论的细则转至基督论的分析，从而进入三一神学的范畴，一层高于一层，更高一层是借助于下面一层的铺陈，层层相叠，却又层出不穷。可这种思维方式最管用的范畴是在于格列高利对灵命增长的描述。他在本书《摩西的生平》中尤其运用得淋漓尽致。⑥

---

⑥ 见 *Moysis*，，II.39，48，148，153，228—231 等。

在格列高利的圣经讲解中，这种释经法成为主流。对他来说，旧约圣经的三卷智慧书，其实就是人的灵性增长之三部曲：由《箴言》的道德生命到《传道书》的看破物质的捆绑使灵性得以提升，然后到《雅歌》的零星释放以至能永远追寻至圣至美的上帝！他在讲解福音书中的"八福"时也按照循序渐进的解经法，提出从第一福到第八福有基本的渐进教训："我认为这八福是有秩序的安排，像层层阶梯，好让我们能从这一层提升到更高一层。"⑦这样的做法有一定的好处与吸引力，也有其最大的弱点，即为了使经文配合秩序的构架，在解释上显得有些牵强，可格列高利高度丰富的想象力却让我们只能感叹他处处有神来之笔的创意。

《摩西的生平》的灵性循序渐进神学

从《摩西的生平》的序言来看，格列高利在其中论述了他在整本书卷里的方法论，他把人对物质的追寻与对灵性的追寻进行比较，认为物质只限于它呈现的本质上，它的完美性是它实质上所呈现的本质，因此不会再有更高的完美，可灵性的完美性就没有这个限度，我们达至某种程度的完美后，只能感叹还有更高程度的完美，"这山望着那山高"，因此保罗的"灵性追寻论"就成为了格列高利的座右铭。

每一个事物的限制在于它的相对体：如"死之于生"、"暗之于光"，但是至高的上帝却没有相对体来限制他，因此"上帝的本性是无限制的"⑧；如此类推，既然上帝是无限制的，美善的追寻也成为了无限的追寻。可圣经别处却说："你们要完全，像你们的天父完全一样"（太5：48），格列高利有以下的解释："可能这里指的是人性的完全包含这种美善的增长"，⑨也即人性的完全在于不断迈向上帝的美善，因此"完全"并不是

---

⑦ 参见 Meredith，见上引，55。
⑧ Moysis, I, 7.
⑨ Moysis, I, 10.

静止的状态，而是充满动感、无终止的追寻。

摩西的故事在教父们的思维中，代表极重要的神学意念，无论是新约圣经的作者，还是晚期的古犹太解经家如斐罗等，他们不只敬仰他作为律法的传递者的身份，更是以他的生平作为榜样，奥利金也曾留下十三篇关于《出埃及记》的讲章。

摩西的生平也毫不意外地成为格列高利形容人之灵性成长的楷模，像在运动场中的竞赛者一样，我们必须努力不懈地向标杆直跑。⑩可这并不是根据圣经所记录的摩西生平中的每一个环节，对格列高利来说，人的灵性成长与他经历上帝的经验有关，所以他只专注于上帝在摩西生平中的三次显现：荆棘丛中的显现、在西奈山上颁布律法以及摩西终于见到上帝荣耀的刹那。在德性上成熟的生命取向是寻求上帝的生命，但必须先以认识上帝为寻求的开端，在格列高利的思想中，这就跟基督的道成肉身有紧密的关系。因此我们要在每一次经历中归纳三项神学反省：一是，在经历上帝时，我们能理解上帝的什么本质？二是，基督在我们每一次经历中的位置是什么？三是，有了这次经历会带来什么后果？

上帝在摩西的第一次经历中显露了他的位格，可我们若能理解格列高利的论述，就知道这只是人与上帝接触时的重要经验，但不是最终极的认知，也不是完整的认知。从任何一个角度——无论是从圣经记载的角度，或者是从纯哲理的角度——来看，经历是最具说服力的。理念可以归理性的思维，而经历给予这思维以具体的论证。所以，对摩西来说，看到火中的荆棘丛的经历让他理解上帝的本质，这时摩西听到的是自有永有之上帝的声音，⑪这是五官与理性思维无法完全感受或推理出来的，因为这是上帝的自我启示。但这并不表示人就永远无法理解上

---

⑩ 参见 C. W. Macleod 的精彩论著，"The Preface to Gregory of Nyssa's *Life of Moses*", JTS 33 (1982), 183—191。

⑪ 这是希腊文七十士译本的说法，到底如何翻译这里对上帝的称呼，基本上仍然没有达成强烈的共识。

帝，当人从事务的缠绕中抽身而转向默想上帝的荣耀时，他基本上已经开始了认识上帝的第一步，而这也只是理智上能够理解的知识。

摩西对上帝的第二次经历是在西奈山上。圣经的记载说："摩西就挨近上帝所在的幽暗之中"（出 20：21），这次的经历也使格列高利的灵修神学中产生出了崭新的理念：光与暗、知与不知的对照。这样的描写让格列高利有很大的空间，透过圣经的权威，使他的哲理成为基督教灵修神学的重要贡献。

从火中荆棘丛的经历里，摩西体会上帝是唯一自存的实在，但是在西奈山的经历中，他却体会到上帝的真正的本质：他是无形、无法完全领会的。因此摩西的"看见"就是"看不见"！[12] 这就造成了神学上的吊诡性，"看见上帝"就是领会到这位圣者可以"超越一切知识与理解"。[13] 格列高利称之为："灿烂的黑暗"。他又加上了极重要的步骤：要达到这种奥秘的思维，人的灵必须"放下一切能感触的事物，不只是那些五官能感受到的，还有那些理性思维能领会的，它就能更深入地探索，一直到他的求知欲能达至那无形、无法领会的领域去，在那里它就见到了神……这个'看见'就是'看不见'，因为所寻求的已经超越一切知识……因此当摩西在知识上开始增长时，他就宣告说他在黑暗中见到了上帝，也就是说，他理解了那圣者可以超越一切知识与理解"[14]。

这当然是灵修神学上主要的奥秘主义现象，坚信人的知识与理解固然重要，但是在超越人之知识与理解的上帝的境界里，人就必须承认无论有多深的神学与哲理，都会有这种"思维的跳跃"，使人能去领会至高无上的上帝。

这种进入上帝奥秘的步骤所根据的不是希腊新柏拉图主义哲学，而是格列高利的两大神学旨趣：上帝的非造与人的被造，以及他的 "*akolouthia*"

---

[12] *Moysis* II, 163.
[13] *Moysis* II, 164.
[14] *Moysis* II, 163—164，笔者自译。

学说。人灵性的增长是有步骤的,但是这步骤有一个无限的鸿沟,被造的人无论如何也无法避免他与非造的神之间的距离,可人的灵性在增长的过程中却能缩小鸿沟的距离!这就是摩西第三次对上帝的经历:无尽的追寻。

《出埃及记》33:17—23 记载了一个非常奇特的事件,摩西要求看到上帝的面,可耶和华只满足他部分的要求:"看哪!在我这里有地方,你要站在磐石上。我的荣耀经过的时候,我必将你放在磐石穴中,用我的手遮掩你,等我过去,然后我要将我的手收回,你就得见我的背,却不得见我的面"。这些无法从字面理解的话,却在格列高利丰富的神学构架上,形成了人性寻求美善上帝的圣经依据,影响了整个基督教的灵修神学。

格列高利把上帝的吩咐,只能看到他的背,看做是呼吁人的灵性要不断追随上帝的脚踪!摩西虽然能与上帝直接地对话,可他不因此表示满足,人的灵性一旦接触了这位美善的上帝,在内里就不自觉地产生更高更深地追求上帝的欲望。[15]另外一段经文加强了格列高利的依据,保罗这样说:"我不是以为自己已经得着了,我只有一件事,就是忘记背后,努力面前的,向着标竿直跑,要得神在基督耶稣里从上面召我来得的奖赏。"人的灵性一旦尝到上帝的美善,就借这个经历,再接再厉,延伸成为更深经历的期盼,而这期盼就会产生继续追随的力量,正如保罗接下来所说:"然而,我们到了什么地步,就当照着什么地步行。"(腓3:13—16)这就符合了格列高利的 "*akolouthia*" 学说所言:"摩西一旦踏上上帝所预备的阶梯,就要继续往上爬到另一层阶梯,不断地往上提升,因为他总会找到比现在的更高一层的阶梯。"[16]

这种期望并不类似于对物质的奢望,因为物质最终都会消失,那种

---

[15] *Moysis* II, 225.
[16] *Moysis* II, 227.

奢望只能成空，就好像制砖头的工人把水泥倒在填不满的砖模中，倒出砖头后，还是重新变空一样。[17]又如失落的人们要爬上松散的沙丘，不断地努力往上爬，又不断地往下陷，虽然有很多动作，但是却没有进展，更可能越陷越深。[18]可追寻美善的上帝使人灵性的期盼不但不落空，反而使这神圣的异象变得更加开阔。[19]

摩西对上帝的要求，既算是得到应允，又算是被拒绝了；换言之，可以说上帝的应允是兑现在拒绝之中！上帝应允他的期盼，可这期盼又是无止境的期盼，这不表示摩西悬在虚无的期盼时空中，这是不断前进的期盼，每一阶段都有双重的意念：既满足现状，又不满足于现状的成就！追求上帝的真正异象就是不断寻求永恒上帝的异象！[20]

到底摩西得着了什么以至于他能至少满足于现状？若从格列高利的描述来看，这就是第二次对上帝经历的增长，也即前面所说的："他就宣告说他在黑暗中见到了上帝，也就是说，他理解了那圣者可以超越一切知识与理解。"这就是现阶段的满足，同时也造成了摩西不能满足于现状！格列高利用近乎儿戏的论证方法来论述，能与上帝"面对面"相遇固然好，可这样一来，人选择的方向就是与他追求的上帝相对了！所以更深邃的经历反而是能看到上帝的"背面"，这样，人是跟着上帝的方向行，因此更深的追寻是追随上帝的脚踪，这就是无终点的追寻了！[21]这就能保证不会失去上帝的异象："无论上帝如何带领，一直跟随他就是一直能见到他"！[22]所以人生在世最崇高的知识就是顺服他的带领。

但是格列高利所描述的历程是基督徒的历程，而非新柏拉图式的灵魂提升，因为他把这个历程紧紧地与他的基督论相接连，在《摩西的生

---

[17] *Moysis* II, 60.
[18] *Moysis* II, 244.
[19] *Moysis* II, 225.
[20] *Moysis* II, 233—235.
[21] *Moysis* II, 249—255.
[22] *Moysis* II, 252.

平》是这样,在他另一卷讲道系列《〈雅歌〉讲章》也是如此。㉓这里格列高利使用了传统的"基督论寓意解经法"㉔,认为从经文记载中能看到基督的预表,也符合他一再坚持的以基督为中心的灵修神学。

从摩西的第一次与上帝相遇的经历来看,格列高利宣称烧不尽的荆棘丛的喻象表达了两种本质。他认为这是上帝的荣耀在荆棘丛中的彰显,也即道成肉身的彰显,正如《约翰福音》的记载:"我们也见过他的荣光,正是父独生子的荣光"(约1:14),也因为这光,摩西的经历就能成为凡"卸下属世的装束,而仰望荆棘丛所发出的荣光的人,而从荆棘的躯体发出的荣光,(正如福音书所说)就是真光,也是真理本身",在自己的经历中得到救恩,也能成为上帝救恩的承载者。㉕

当摩西第二次与上帝相遇时,上帝给了他两块石版,上面是上帝亲手刻画的十诫,格列高利又再次看到了道成肉身的神、人二性:"再者,那真正的律法颁发者,摩西其实只是一种预表,从土中为自己凿出人性的石版。这不是糅合而成的'承载上帝'的身躯,而是他自己成为了凿出自己身躯的石匠,用的是他的神性的指头,也即圣灵要临到童女身上,至高者的能力要荫庇她。"㉖石版有两个作用:我们的生命因此透过这道成肉身的事实而得到了永恒荣美的价值,也因为石版上的教训得以明白我们信仰的神圣奥秘!㉗

摩西在第三次对上帝的经历中,上帝吩咐他站在磐石上。"磐石"在基督教的喻象中都是代表基督,有新约的根据,㉘所以很自然地,格列高利就在此引用这个传统:这磐石就是基督。㉙屹立在这磐石上就是一切美

㉓ 参笔者未出版之博士论文:"Mystical Anthropology in Gregory of Nyssa's Homily on the Song of Songs" (King's College, London University, PhD Thesis, 1995)。
㉔ 见上述。
㉕ *Moysis* II, 20, 26. 格列高利称这是童女生子的奥秘 (II, 21)。
㉖ *Moysis* II, 216, 引《路加福音》1:35。
㉗ *Moysis* II, 216—217.
㉘ 如《哥林多前书》15:58 等。
㉙ *Moysis* II, 244.

好的盼望:"因为保罗也这样理解基督为磐石,而且相信一切美好的盼望都是在基督里面,我们也了解到美物都是藏在他里面,所以凡寻到美好的,就寻到基督,是他包含一切美好。"㉚

从以上的分析可清楚看到灵命的每一个成长阶段都与基督有关,本于基督、成于基督。

可信徒的生命不光是追求这神圣的经历,格列高利作为神学家,也是极其关心信徒生命成长的主教,他虽然能在神学与哲学的层面上有非常显著的作品,可在他的讲章与灵修著作里头,不仅有穿云式的高见,也能清晰道出信徒生命中应有的素质是如何建基在神学的基础上的,我们可以说,他每一卷著作都是平平实实地扎根在教会的生命中的。所以在这卷《摩西的生平》中,他也能从最深邃、最奥秘的描述,顺畅地转入信徒的日常信仰层面来应用。我们这里略提几个例子:

见到上帝荣光的人,"能协助别人得着救赎、消灭恶势力的掌控、释放那些受到罪恶捆绑的人,让他们得自由"。㉛

摩西因为已经得到了上帝的异象,"就回到他的群体中,与他们分享所经历的上帝之显现的奇妙,颁发了律法,并且根据他在山上所见的模式,建立了圣所和祭司的制度"。㉜

可最主要的教训,是在获得上帝的异象后,摩西从此成为了上帝的真正门徒,顺服地跟随上帝的脚踪行。认识上帝就是跟随他!

这种跟随包含了圣洁的生活:把脚上的鞋脱下来,"穿着鞋子的脚无法爬上真理的荣光所在的高处,我们从一开始因为不顺服上帝意旨而赤身露体,就在人的本质上覆盖了一层死而属世的皮,我们必然把它从灵魂的脚底下除去。这样做了的话,真理的认知就会凸显出来"㉝。这种真

㉚ *Moysis* II, 248.
㉛ *Moysis* II, 26.
㉜ *Moysis* I, 56.
㉝ *Moysis* I, 56.

理的认知无非就是竭力变得更像上帝,对于格列高利来说,生活的道德性与灵性的进深是糅合在一起且不可分割的。我们可以说它们是相辅相成的:道德生活是真理认知的基本条件,而真理认知又让道德生活获得提升。㉞但是这并不能让人无视基督的地位,人必须站在基督的坚固磐石上。这不是因此就让人停止追求,反而是借助于坚固的磐石往更高的境界再上路。

格列高利临近尾声时,又回到他写作的本意上,再次道出他的目的:"我们从以上所论述的事上有什么反省?就是人生在世只要有一个目标:能够因着我们敬虔的生活得称为上帝的仆人。"㉟

上帝的仆人就是跟随上帝的人!

㉞ 参见 Meredith,见上引,60—61。
㉟ *Moysis* II, 315.

序　　言

基督教会从罗马帝国获得了自由和支持，因而被赋予了新的机会，也负有了新的责任。它如今处于这样一个位置，不仅要向一些主要城市的单纯市民传讲在复活的主耶稣里临近的天国的"好消息"，而且，整个受过教育的贵族社会，以及在融合的希腊主义传统上受过训练的知识阶层，如今也准备聆听这个"好消息"。

在这些新的处境中，基督教面临的主要问题之一是：它的圣经是犹太圣经，它宣称耶稣就是犹太先知所预言的弥赛亚，因此耶稣的信息若不放在旧约的背景下就不可能得到理解。而受过希腊化思想熏陶的人几乎不可能接纳犹太人这个卑微、"野蛮"民族的宗教史。希腊哲学传统，尤其是新柏拉图主义有传授秘义的倾向，能够兼收并蓄地吸收各种东方宗教，但是不可能接受摩西或基督教对信仰完全排他的独断宣称。

当尼撒的格列高利开始写作《摩西的生平》的时候，其他人已经力图在希腊主义和犹太圣经之间架起一座桥梁，尤其是犹太人斐洛（Philo）和基督徒奥利金（Origen）。格列高利受惠于他们两人。不过，与他的前辈们相比，他，还有其他两位"卡帕多西亚教父"——他的兄长巴西尔（Basil）和朋友纳西盎的格列高利（Gregory of Nazianzus）——的进路，更多的是对教会的见证。格列高利及其朋友都是有影响力的基督教主教，不仅关注智性的追求或个人的神秘主义，而且关注正统教义，以及作为神圣肢体和机构、如今与罗马政府有密切关系的教会。他们毕生的主要成就是,成功地、毫不妥协地主张对教会、圣经和希腊化传统的委身,同时保持智性和灵性的整全性。他们所提出的综合未必是完美的——其实这是不可能的,因为他们拒斥综合主义,而显然优先并最终委身于基督信仰——但他们的真诚和始终如一的努力赢得了基督徒的尊敬,也同样博得了非基督徒的崇敬。

三位"卡帕多西亚教父"中,尼撒的格列高利年纪最轻;相比于他的同事,他也更倾向于大胆的思辨和通常所谓的"神秘主义"。然而,我们怀疑这个术语是否适用于东方基督教的灵性语境。在西方人心里,神秘主义与主观的、个体的和必然是奥秘的知识联系在一起,这种知识,就其定义而言,是不可能向所有人显示的。在早期的基督教和拜占庭(Byzantine)希腊语里,"神秘"这个词用于与基督教"奥秘"相关的领会形式;比如,圣餐祷文往往被描述为"神秘的"。而圣徒以某种杰出的方式拥有这种"神秘的"领会,因为他们已经使自己配得恩典的恩赐;所有基督徒都同等地是恩典本身的领受者,因而,只要效仿圣徒,他们都蒙召获得并发扬这种"神秘的知识"。

尼撒的格列高利的灵修作品有一个核心主题,就是他的"灵性的感觉"(spiritual senses)概念,与所有其他被造的感觉不同,这种感觉使人能够接近神。在《摩西的生平》里,他把圣经解释为基督徒灵性上升的抛物线,描述了这种与神的相遇如何发生在"云里",即不借助于受造的视觉,因为神是受造之眼完全不可见的和完全不可领会的,是受造的心灵完全不可企及的。然而,神仍然可以为人所看见和感知,只要人借着洗礼和苦修的洁净,凭着努力和美德,就能够获得"灵性的感觉",从而容许他通过在基督和圣灵里的联合(communion),领会那超越受造之万有的独一真神。

显然,格列高利是作为一个亚历山大的希腊人阅读圣经文本的。他这样做是审慎的,因为他的一个基本目的——也是当时教会的目的——正好是使犹太圣经与受过教育的希腊人关联起来。但摩西所知道的神仍然是以色列的神,是完全的他者,是永活的和有位格的神,不是一个哲学概念,不是普罗提诺的太一。最好的证据就是他不断重提神的无限性,由此人就不可能穷尽他或者领会他,因为人的心灵能够理解的只是概念。与神联合是"荣上加荣"的持续上升过程。这一上升的每一步都包含更深盼望的喜乐,知道神永远比我们所认识到的更伟大,也知道神不设任何界限地把他自身交给人,因为他自身是不可穷尽的。因此,在与神相遇过程中,永远不会有失望,也不会有大餍足,有的只是对真爱的发现。

正是这一点比其他任何观点都更加清楚地表明,格列高利虽然是希腊人,却超越了希腊人的思想本身,为他的同时代人以及后世,包括我们在内,指明了通向永生之神的道路。

华盛顿 D.C.
敦巴顿橡树园
拜占庭研究中心
约翰·梅耶多夫 (John Meyendorff)

前　　言

尼撒的圣格列高利（约335—约395）属于著名的卡帕多西亚基督徒家族的第三代。他本人在十个孩子中排行老三。他的姐姐玛克里娜（Macrina）和兄长巴西尔（后来任凯撒利亚主教）对他宗教意识的形成和培养有重大影响。格列高利虽然担任教会的读经员，然而他决定继承父亲的职业，做一名修辞学教师，而且显然还结了婚。但是后来他听从了家庭和朋友的劝说，辞去这份工作，进了兄长巴西尔的修道院。

约于371年或372年，巴西尔为格列高利谋得尼撒这个小镇的主教之职。他解释说，他不希望自己的弟弟因其教区得荣誉，而希望他能给教区带来荣誉。格列高利在381年的君士坦丁堡（Constantinople）第二次普世公会议（second ecumenical council）上发挥了突出的作用，这次会议标志着正统三一论的胜利。皇帝狄奥多修（Theodosius）不仅以信经的术语，还以个人的术语规定了正确的教义，格列高利的名字与君士坦丁堡和亚历山大主教们的名字一起成为信仰的标准。格列高利是一位伟大的原创性的思辨神学家，他除了阐明三一论的教义之外，还对人论、灵魂和复活，以及救赎论做出了贡献。

在晚年的时候，格列高利转而发展出灵修生活的哲学神学。《摩西的生平》是他晚年的核心之作，先前不曾有过完整的英译本。格列高利首先概述了摩西的生平历史，然后从他的生平事件中引出道德和灵性教诲。这部著作的主题为，美德的生活是以神的无限善性为基础的一个永恒进程。

韦尔奈·耶格尔（Werner Jaeger）第一个编辑出版了格列高利作品的评论版，后来就不断有新的评论版出现。在舍维托格纳（Chevetogne, 1969）、弗雷肯霍斯特（Freckenhorst, 1972）、莱顿（Leiden, 1974）和剑桥（1978）都举办了尼撒的格列高利的学术讨论会。这些都表明格列高利在教父神学和基督教灵修中的重要性得到新的评价。

导　　论

　　格列高利虽然生长在一个基督教氛围很浓的卡帕多西亚家族里，但他的童年并没有表现出多少对教会的委身。①到了372年，他近四十岁的时候，这一点才有了改变，他勉强接受哥哥凯撒利亚宗主教巴西尔的任命，担任尼撒主教。巴西尔于379年初逝世后，格列高利成为反对阿里乌主义、捍卫正统信仰的领军人物之一。381年君士坦丁堡公会议之后的几年里，格列高利在东方教会中处于宗教领袖的地位，但在他离世（约395年）前十年里，他的影响力开始削弱。因为格列高利的关注点从教条争辩和行政事务转向灵修生活，他那圣徒般的姐姐玛克里娜的影响力最后取得了胜利。

写作环境

　　《摩西的生平》的准确写作时间不详。但一些事实表明，它写于4世纪90年代初。②若是这样，这篇作品似乎属于格列高利的晚年之作。③作品中关于针对摩西的嫉妒的讨论，反映的正是他本人所受到的嫉妒。④

---

① 关于格列高利任主教之前的生活的最完整讨论，见 Michel Aubineau 为他所编辑并翻译的《论童贞》(*On Virginity*) 一文写的导言。关于格列高利的一般生平，见 Hilda Graef in ACW 18：3ff.；Jean Daniélou, *From Glory to Glory*, pp. 3—10；J. Quasten, *Patrology*, Vol. 3 (Utrecht, 1960), pp. 254ff.；Hans von Campenhausen, *The Fathers of the Greek Church* (New York, 1955), pp. 107—116。
② 这是 Daniélou 的结论 (p. ix)，也是 Jaeger, *Two Rediscovered Works*, pp. 119, 130 的结论。
③ 第一卷2节，同时见第一卷注释6提到的格列高利晚年的其他作品。
④ 第二卷256节及以下；278f.。

而强调道成肉身，但缺乏对圣灵的神性的讨论，这与当时人们的兴趣从三一论争辩转向基督论的时代特点相符合。⑤《摩西的生平》基于圣经经文阐述了一种关于灵修生活的成熟教义。⑥

耶格尔版的格列高利作品集把《效仿基督》(De instituto Christiano)、《论基督徒的宣信》(On the Christian Profession)、《论完全》(On Perfection)、《论童贞》(On Virginity)、《玛克里娜的生平》(The Life of Macrina) 放在一起作为《苦修著作集》(Opera Ascetica)。⑦而《摩西的生平》、《论〈诗篇〉的标题》(On the Titles of the Psalms)、《〈传道书〉讲道集》(Homilies on Ecclesiastes)、《论主祷文》(On the Lord's Prayer)、《论八福》(On the Beatitudes)、《论〈雅歌〉》(On the Canticle of Canticles)，则时时与前者分开来讨论，认为后者论及灵性生活的"神秘"方面。⑧然而，这些作品之间有许多相互关联，要坚持这种划分是很难的。⑨两者的主要不同在于，后者把圣经经文看作出发点，而前者更为"主题化"。

"美德上的完全"不仅可以认为是《摩西的生平》的主题，也同样是《论完全》和《论基督徒的宣信》⑩的主题。在其他注释作品中，《摩西的生平》与《雅歌》注释最为相似，我们的脚注将会指明某些相似之处。这些作品似乎属于格列高利一生中的同一个阶段。但涅娄 (Daniélou) 把《摩西的生平》放在《论〈雅歌〉》和《论完全》之间，耶格尔认为它是《效仿基督》的直接先驱，而后者，他认为乃是格列高利灵修作品的扛鼎之作。⑪

---

⑤ 见本文关于圣灵的讨论。
⑥ Daniélou, p. ix；参见 Jaeger, *Two Rediscovered Works*, pp. 116ff.。
⑦ *Gregorii Nysseni Opera*, ed. W. Jaeger, Vol. 8, 1 (Leiden, 1963).
⑧ Mary Emily Keenan, "*De Professione Christiana* and *De Perfectione*: A Study of the Ascetical Doctrine of Saint Gregory of Nyssa," DOP 5 (1950): 170f. 参见 remarks by R. Leys, "La théologie spirituelle de Grégoire de Nysse," *Studia Patristica* 2 (1957): 498。
⑨ Jaeger, *Two Rediscovered Works*, pp. 32, 115, and *passim*.
⑩ 同上, pp. 27—32, 132ff.。
⑪ Daniélou, p. ix and Jaeger, *Two Rediscovered Works*, pp. 117, 141f.

格列高利的所有作品中都重复出现相同的概念体系。因此，《摩西的生平》的真实性从未受到过质疑。格列高利的一些灵修作品是应人邀请而写的，就是邀请他对人如何过美德生活提供一些指导。⑫《摩西的生平》的某些抄本在结尾处说本作品是应凯撒利乌（Caesarius）的请求写给他的。另外两个手抄本也在标题里注明了他的名字，一个抄本中还指明他是位修士。⑬要不如此，也不会有人知道他是谁。更为重要的是，这一请求表明，格列高利写作本文的时候，正被小亚细亚的苦行僧们公认为灵修生活的导师，这甚至可以与他早先被公会议和皇帝承认为基督教正统教义大师的地位相提并论。因而本文在格列高利的计划中占据一席之地，这计划就是为巴西尔组织的修道士运动提供一个意识形态上的根基。

《摩西的生平》具有某种"逻各斯"的形式，即是一篇正式论文，讨论（如它的全名所表明的）"美德上的完全"。它可能计划要在某位苦修士的家里大声朗诵。⑭全文分为四部分：(1) 前言，或作为导言的附信；(2) 历史（historia）或对圣经故事的解释；(3) 沉思（theoria），或者圣经叙述的属灵意义，这是他的主要兴趣所在；(4) 结论。historia 和 theoria 是教理问答教育中普遍使用的两种方法。⑮

哲学传统

在希腊化时代，哲学已经变得具有宗教特色，在晚期罗马时代，则变得富有沉思和苦修特色。基督教里的苦修生活是希腊哲学的沉思生活

---

⑫ 第一卷 2 节及 BK. 第一卷注释 4。
⑬ 手抄本证据见 Daniélou, p. 134 和 Musurillo, p. 143。一手抄本在标题里提到奥林庇乌（Olympius）的名字，其他抄本提到格列高利的弟兄彼得的名字——Musurillo, p. 3。
⑭ Musurillo, *Glory to Glory*, p. 289。
⑮ Musurillo, "历史与符号",《神学研究》(*Theological Studies*) 18 (1957): 357—386。

的直接延续。⑯格列高利在《摩西的生平》里论到遁世者的隐退是一种"更大的哲学"(第一卷, 19)。

到了4世纪,希腊哲学传统已经融入到一种作了改良的柏拉图主义,即所谓的新柏拉图主义之中。格列高利显然与希腊主义的哲学遗产有很多接触。他与先前哲学发展的关系是学者们不断研究的话题,因为他比大多数教父更配称为哲学神学家。⑰

格列高利对异教的学识表现出一种真诚的矛盾心理。一方面,他对这种学识的不适宜和危险性有些尖刻的说法⑱,比如,他非常形象地把异教的教育比喻为"终日劳苦,却从不生育"(第二卷, 11);缺乏智慧的肚腹怀的是风,还未认识神就流产飘散了;如果有必要联系异教的智慧,那么我们必须剔除邪恶的老师对教导的险恶用心(第二卷, 17)。另一方面,格列高利对异教学识的益处也持一定的肯定态度。把婴孩时的摩西从水中救出来的方舟"是由包含不同学科的教育建造出来的"(第二卷, 7)。"世俗教育中有某些东西"是我们追求美德"所不可拒斥的"(第二卷, 37)。因而"埃及人的学识"是必不可少的;事实上,获得这种知识

---

⑯ Jaeger, *Two Rediscovered Works*, p. 20; J. Leipoldt. *Griechische Philosophie und frühchristliche Askese* (Berlin, 1961); Dorothy Emmet, "Theoria and the Way of Life," *Journal of Theological Studies* New Series XVII (April 1966): 38 – 52. 关于"哲学"含义的变化,见 Anne-Marie Malingrey, "*philosophia.*" *Etude d'un groupe de mots dans la litterature grecque, des Presocratiques au IVe siécle après J.-C.* (Paris, 1961).

⑰ Quasten, *op. cit.*, pp. 283ff. 以及引用的参考书目。尤其注意 H. Merki, `Ὁμοίωσις θεῷ. *Von der platonischen Angleichung an Gott zur Gottähnlichkeit bei Gregor von Nyssa* (Paradosis 7, Freiburg, 1952); Endre von Ivánka, "Vom Platonismus zur Theorie der Mystik (Zur Erkenntnislehre Gregors von Nyssa)," *Scholastik* 11 (1936): 163 – 195。根据 F. Überweg 和 B. Geyer, *Grundriss der Philosophie* II: *Die patristische und scholastische Philosophie* (Berlin, 1928), p. 84,格列高利之前没有人像他这样力图以如此全面的方式理性地确立基督信仰。O. Bardenhewer, *Geschichte der altkirchlichen Literatur* III (Freiburg, 1912) 认为,格列高利可能比4世纪其他任何一位基督信仰作家都更精通异教哲学。K. Gronau 所评价的波西多尼乌 (Posidonius) 对格列高利的重要性并没有得到普遍认可(参见 *Poseidonios und die jüdisch-christliche Genesisexegese*, Leipzig-Berlin, 1914)。

⑱ 格列高利提到希腊哲学时,通常是表示不赞成的,这些段落都由 Harold Fredrik Cherniss 收集在《尼撒的格列高利的柏拉图主义》(*The Platonism of Gregory of Nyssa*, University of California Publications in Classical Philology 11, Berkeley, Calif., 1930), pp. 1 – 12。参见 A. C. Weiswurm, *The Nature of Human Knowledge according to St. Gregory of Nyssa* (Washington, 1952), pp. 16ff.。

乃是一条神圣的命令。"掳掠埃及人"的属灵含义在于，神"要求那些通过美德分有自由生活的人，也用异教的学识之财富来武装自己"（第二卷，115）。"诸如道德哲学、自然哲学、几何、天文学、辩证法……最终，神奥秘的圣所必须以理性的财富来装点，那时，这些东西必会有用。"

格列高利本人在异教教育方面并没有受过正规训练，这可能是一种福气。[19]他是从哥哥巴西尔了解到"经典作品"，获得基础知识的，但他没有被这些"手册"扰乱视听，反倒以某种原创方式更自由地使用自己智性上的恩赐。

格列高利明确提到异教哲学中有价值的观点，也提到它的错误教训：

> 举个例子，异教哲学说，灵魂是永生的。这是一种敬虔的果子。但它又说，灵魂从身体转世到身体，从理性本性变成非理性本性。这是一种属肉的、外族的包皮。诸如此类的例子还有很多。它说有一位神，但又认为这神是质料性的。它承认他是造物主，但又说他造物需要质料。它肯定他既是良善的又是大能的，却又说他在一切事上都服从于命运的必然性。（第二卷，40）

在第二卷287节以下，格列高利肯定了亚里士多德的美德伦理学是中庸之道。[20]对他影响最大的显然是柏拉图[21]，但一切遗产都经过了一种深刻的转化，融入到基督教之中。

---

[19] 另一方面，他写给Libanius的信里（*Ep*.13）否认有过这种训练则可能是职业性的谦虚——Vol.8, 2, pp.44－46（MG 46.1048A－1049B）。

[20] 在注释里将注明格列高利从所有早期学派（这些学派到了4世纪已经成为受教育者的资本和职业）借用的哲学思想和术语。

[21] 详情请见Daniélou, p. xxviiff. 及注释。参见Cherniss, *op. cit.*; R. Arnou, "Platonisme des Pères," *Dictionnaire de Théologie Catholique* 12 (Paris, 1935): 2258－2392。

注释传统

在《摩西的生平》第二部分，即历史部分里，格列高利根据出埃及记和民数记概述了摩西一生的事件。在第三部分，即沉思部分，他再次回溯这些事件，以此作为属灵教训的基础。因而摩西的生活成为灵魂走向神的属灵旅程的一个象征。

可以肯定，格列高利的论文与早期的圣经解释历史，尤其是亚历山大传统、犹太传统和基督教传统有联系。但涅娄注意到，在对摩西生活的历史叙述中，呈现出犹太哈加达（haggada，犹太教经典《塔木德》中解释律法要点用的传奇轶事或寓言。——中译者注）的一些特点——强化经文的教化意义，强调神迹，否认自然主义的解释，补充令人震惊的细节，或者从正面意义解释这些细节，[22]对 theoria 的寓意解释或非字面解释更有兴趣。到了格列高利的时代，寓意解经法已经发展得很完善。[23]虽然格列高利在应用这一传统时充分发挥了自己的独创性，但我们还是必须充分注意他的前辈。

摩西的形象在犹太人和基督徒的思想中具有突出的地位。[24]对格列高利有特别重大影响的人是斐洛[25]，他也写过由两部分组成的《论摩西的生平》。[26]斐洛的《论摩西的生平》以希腊化的逍遥派传记方式（peripatetic type），呈现摩西的一生，以便为某种生活提供一个榜样。[27]斐洛在

---

[22] Daniélou, pp. xi-xiv.
[23] R. M. Grant, *The Letter and the Spirit* (London, 1957); R. P. C. Hanson, *Allegory and Event* (Richmond, 1959).
[24] 犹太教、基督教和穆斯林对摩西的解释已经在一本特别的刊物 *Cahiers Sion* 里得到阐述（以 *Moïse: l'homme de l'alliance* 的题目发表，Paris, 1955）。对摩西的高度赞美，见 Philo, De sacr. 3.8; J. Bonsirven, *Palestinian Judaism in the Time of Jesus Christ* (New York, 1964), pp. 80－82; Moses Hadas, *Hellenistic Culture* (New York, 1959), p. 172.
[25] Jaeger, *Two Rediscovered Works*, p. 78 记录了证据表明中世纪的文士注意到斐洛对格列高利的影响。Daniélou, pp. xiv-xv 记录了与斐洛《论摩西的生平》的具体相同之处。
[26] F. H. Colson 翻译，收于 *Loeb Classical Library* (Cambridge, Mass., 1935)。
[27] Fr. Leo, *Die griechisch-römische Biographie* (Leipzig, 1901). 格列高利没有遵循希腊化传记的模式，但有同样的"说教"兴趣。

第一卷回顾了摩西的生平,以直接的历史顺序,呈现出他作为一个王的一生,几乎没有借助于比喻。第二部分对摩西的品性提出主题式的讨论,讨论他作为立法者、祭司和先知的所作所为。㉘格列高利也同样先概述生平,然后把摩西树立为灵性生活的一个典范。㉙

斐洛的《论摩西的生平》主要是一个道德解释,因为它基本上是针对希腊人的一个辩护。㉚《〈出埃及记〉问答》(Questions on Exodus)㉛遵循完全不同的进路,对第一段落依次提出"字面的"和"深层的"㉜解释。这篇作品更多的是讨论具体的律法规范,而不是生活,更多地表现出宇宙论方面的兴趣。格列高利与斐洛最大的不同也许就在于前者几乎没有宇宙论上的比喻。㉝斐洛的《寓意释经》(Allegorical Laws)更多的是对历史叙述,而不是对律法规则的重新解释,如犹太哈加达那样。㉞格列高利对摩西五经的律法部分也基本上忽略不谈。总的来说,我们可以认为,格列高利的《摩西的生平》从斐洛的《论摩西的生平》吸收了模版,从斐洛的其他作品获取了寓意解释法,其实这种方法早已被基督信仰的教理兴趣转化了。

亚历山大的克莱门特(Clement of Alexandria)体现了基督教第一次广泛地挪用斐洛的思想。他也写了《摩西的生平》㉟,这是斐洛和希腊化犹太传统论摩西的一个缩影。在方法和内容上与格列高利最相近的是奥利金,他的《〈耶利米哀歌〉注释》(Commentary on Lamentations)遵循斐

㉘ 也参见斐洛 De praemis 9.53—56。在 De Ios. 和 De Abrah. 里,斐洛首先描述字面的故事,从中引出教化意义,然后进行寓意解释,但两者在全文是轮流交替的。参见 De Abrah. 18.88,其中他提到"我们的两种阐释,字面解释应用于人,寓意解释应用于灵魂"。
㉙ 为方便比较起见,我们将对同样的事件详尽注明斐洛的讨论。
㉚ Bernard Botte, "La vie de Moïse par Philon," Moïse, p.60.
㉛ Ralph Marcus 译自亚美尼亚语(Armenian), Loeb Classical Library (Cambridge, Mass., 1935)。
㉜ 斐洛更喜欢用 ὑπόνοια 来表示 allegory——见 Hanson, op. cit., p.40。参见 De Ios. 6.28, "对故事作了这样的历史叙述之后,就可以解释更重要的隐秘(ὑπόνοια)意义了。"
㉝ 特别参见第二卷 196 节,论到帐幕、祭司衣服以及对摩洛的讨论的注释。
㉞ 参见 Midrash Rabbah, Exodus, (S.M. Lehrman 译, London, 1951) 及 Mekilta de Rabbi Ishmael (J. Z. Lauterbach 译, Philadelphia, 1949) 中的哈加达部分(约为五分之三)。
㉟ Strom. 1.23—26.

洛《〈创世记〉问答》和《〈出埃及记〉问答》的方法，先讨论字面意义，然后根据"ἀναγωγή（引领）之法"探讨内在意义（διάνοια）。㊱《〈出埃及记〉讲道集》(*Homilies on Exodus*)里有许多地方与格列高利的解释完全相同。㊲《摩西的生平》所透视的思想可能就是《论首要原理》4.3.12（24）㊳所暗示的思想，从 2.5（12）所说的解释原理来看确实如此。格列高利取了斐洛的"道德"比喻，使它们朝着"神秘主义"方向扩展，最终应用到灵性生活上。他超越了奥利金，因为在他看来，"属灵"解释是圣礼的一种内在化。㊴

格列高利在圣经解释上属于亚历山大学派，这可以从他的注释术语中看出来。对希腊用语的研究表明，*historia* 与 *theoria* 往往是并列的。㊵比如，奥利金可以论到某种不是在其"字面解释"(*historia*)上说，而是在其"属灵意义"(*theoria*)上说的事件。㊶*historia* 是所有学派使用的常规术语，意指字面含义或真实事件。㊷这种对事实的单纯叙述或者字面意义，格列高利和其他亚历山大传统里的人将其用于一切文学形式，而不只是用于"历史"叙事。㊸另一方面，*theoria* 在亚历山大学派和安提阿学派看来包含不同的含义。对安提阿学派的注释者来说，*theoria* 原是先知

㊱ Grant, *op. cit.*, p. 91.
㊲ 由 Daniélou, p. xviii 收集。格列高利全面受惠于奥利金是众所周知的——见 J. H. Srawley, *The Catechetical Oration of Gregory of Nyssa* (Cambridge, 1956), pp. xix-xxv; William Moore, *Select Writings and Letters of Gregory, Bishop of Nyssa in Nicene and Post-Nicene Fathers*, Vol. 5, pp. 14—23. P. Godet, "Grégoire de Nysse," *Dictionnaire de Théologie Catholique* Vol. 6 (Paris, 1920): 1847—1852。
㊳ 奥利金在这部分开头说："圣先祖这样下到埃及，这故事经神意恩准必然向这个世界显现，以便启示他人，教导人类，好叫他人的灵魂借此在启蒙之工中得到帮助。"但是他指的是这个民族，不是摩西。
㊴ Daniélou, *Origène* (Paris, 1948), pp. 260ff.
㊵ Henri de Lubac, " 'Typologie' et 'Allegorisme,' " *Rech. De Sc. Rel.* 34 (1947): 180—226; H. N. Bate, "Some Technical Terms of Greek Exegesis," *Journal of Theological Studies* 24 (October 1922): 59—66.
㊶ Οὐχ ἱστοπικὸν διήγησιν, ἀλλὰ θεωρίαν νοητήν θ *Comm. Joh. Frg.* 20.
㊷ R. M. Grant, *The Earliest lives of Jesus* (New York, 1961), pp. 120f.
㊸ Daniélou, "Akolouthia chez Grégoire de Nysse," *Rev. des Sci. Rel.* 27 (1953): 236ff.; Alexander Kerrigan, *St. Cyril of Alexandria: Interpreter of the Old Testament* (Rome, 1952), pp. 36ff.

的视野。㊹在解释旧约时，他们发现记载众先知因圣灵感动所说之事的段落具有超越他们自己时代的典型意义。这种对将来的指向，他们称为 theoria。与此相对照，亚历山大学派在实际使用中把 theoria 视为等同于 allegoria 和 dianoia。㊺后者（"深层含义"）早就是异教中的常用词，意指某件作品的隐秘意义。渐渐地这个词被 allegoria 取代，后者用来指一切形式的非字面解释。㊻格列高利显然更喜欢用 theoria㊼，即字面之外的意义的"洞见"。这个词既可以指经文里经沉思所得的意义，也可以作为获得这种"属灵意义"的途径。㊽格列高利作出这种选择可能是由于他偏爱视觉想象，这与希腊传统大致符合，也可能是鉴于安提阿学派攻击 allegoria 而作出的一种妥协。无论如何，在亚历山大的西里尔（Cyril of Alexandria）那里，theoria 成为表示比喻意义的主要词汇。㊾

在《摩西的生平》里，格列高利为找出圣经经文的属灵解释提出了一些标准。这些标准也是亚历山大学派迫切需要考虑的。㊿"律法没有指示我们如何吃喝"这样的先验前提成为对第一次逾越节进餐进行寓意解释的基础（第二卷，105）。凡是他感到没有必要、多此一举或者不合时宜的律法（他断言，在吃上，"大自然……就是完备的立法者"），就向他指

㊹ Bate, *op. cit.*, pp. 62f. A. Vaccari, "La ΘΕΩΡΙΑ nella scuola esegetica di Antiochia," *Biblica I* (1920): 14ff.

㊺ Bate, *op. cit.*, pp. 61ff. 见第一卷注释 27。

㊻ De Lubac, *op. cit.*; pp. 181ff.

㊼ 在《摩西的生平》里，格列高利还用 "ἀναγωγή"（II, 223），ὑπόνοια（第二卷，219）和 τεοπικός（"一个更具有比喻义的 theoria，"第二卷，43）表示非字面意义。Daniélou, *Platonisme*... p. 148 阐述了格列高利笔下的 "theoria" 的不同含义。参见 Walther Völker, *Gregor von Nyssa als Mystiker*（Wiesbaden, 1955）, pp. 146—148, 172ff.。

㊽ Kerrigan, *op. cit.*, pp. 117f., 122.

㊾ 同上，pp. 115, 191。西里尔（Cyril）在他的 *Comm. In Isa.* 里论到他对格列高利的方法感兴趣，说他打算阐释"经文字面的（historia）准确含义"，并且给出"属灵意义的（theoria）解释"（MG 70. 9A；参见 69.16A for Glaph. in Gen. I）。他表示旧约的事只要指向 theoria 就不是无价值的——*De ador. In sp. et verit.* 1.3（MG 68.137A）。西里尔缩小了格列高利的关注点，重点放在对教条的关注上——"一切属灵意义都朝向基督的奥秘"（Frg. 2, 2 Cor. 3. 12；*Comm. St. Joh.* Pusey 3, 365, 25）。我们所发现的极少的参考书目表明，熟悉亚历山大的西里尔的人可以发现他与格列高利的观点有许多一致之处。

㊿ 参见 Jaeger, *Two Rediscovered Works*, pp. 120—124, on Clement of Alexandria, and Kerrigan, *op. cit.*, pp. 135ff.。

示一种隐秘的含义。(51)凡在道德意义上看来是错误的叙事，就必须寻找经文的比喻含义。“掳掠埃及人”没有道德上的合理性，这表明“高尚的意义比字面的含义要更恰当”(第二卷，113—115；关于埃及人遭受长子死亡的惩罚之事也要作同样的考虑，第二卷，91以下)。而且，凡是字面意义与神不相配的事，也指向内在含义。比如，经上所描述的神有“背”和“面”是与神性不符合的，因而它必包含属灵意义（第二卷，221—223)。另外，要完全复现古代伟人所处的环境是不可能的，本文认为这一点尤其成为超越真实历史的一大理由（第二卷，49)。格列高利还在他的前言里提出释经学问题（第一卷，14)。属灵的含义始终是出现的（比如第二卷，19)。

在肯定方面，格列高利只要认为哪个地方可以有多种解释，就不拒斥指向美德的解释（第二卷，191)。因而，有教化意义的，或者能提供“有益的教训”(第二卷，205)、“有益于人的告诫”的东西（第二卷，301)，主导着他对经文的解释。不过，在格列高利看来，这并非充分的标准，比如，拜偶像者被利未人杀死，对此要先提出实际的、道德层面上的解释，然后再赋予属灵含义（第二卷，205以下)。所以，事物的合理性和适宜性被强调为深层含义的基础。既然衣服上的斑点并不妨碍向神的上升，那么上西奈山之前洗衣的命令就必然意指圣徒要放弃对外在生命的追求（第二卷，155)。尤其是当他在新约里找到对旧约的非字面解释的证据（第二卷，179）时，当他发现旧约所指的其实就是基督（第二卷，148，151）时，他就转向寓意解释。

格列高利的非字面解释不仅遵循亚历山大传统，还遵循某些共同的基督教旧约解释，尤其是关于基督、教会和基督教教规(52)的解释。这些已经出现在新约、教父（apostolic fathers)、查士丁（Justin）和爱任纽（Irenaeus）

(51) 格列高利在别处要求把字面陈述的错误视为寓意解释的合理证据——*C. Eun.* 3. 1. 37f.，Vol. 2，pp. 16，20ff.（MG 45. 577C—D)。

(52) Daniélou，pp. xvi-xvii；*Moïse*，pp. 276—282.

那里，所以不应当认为它们只是某个思想学派独有的。摩西作为神的百姓的领袖，属神的人，基督的一个预表，在基督教思想中非常重要。㊳我们发现，对他一生的概述，尤其是《出埃及记》里的故事，时时出现在基督徒作者的笔下。㊴这些常常构成格列高利这篇作品的框架。然而，拉丁教父对摩西的处理完全不同于格列高利，他们讨论的事件与他讨论的也完全不同，即使提到同样的事件，他们也更关心实际的、道德上的问题。㊵

虽然格列高利确实吸收了传统解释中的一些东西，确实显示出受到许多传统的影响，尤其是亚历山大传统的影响，但是他的作品里有很多东西是新的，而且整个分析肯定也是原创性的。材料和方法是旧的，但产品是新的。格列高利欢迎任何人——只要愿意——去获得比他所提供的解释更有益的解释。㊶

灵性生活的品质

格列高利的灵修神学近年来受到很大的关注。㊷《摩西的生平》是他关于基督教灵性的特别重要的系统论述。㊸

格列高利要求读者留意摩西生活中那些可以认为是从人类事务中隐退而不积极参与的特写：在米甸，"他远离喧哗的集市，独自住在山里"

㊳ *Moïse*, pp. 245 — 314.
㊴ Justin *Dial.* 131 — 132; Hippolytus *Ben. Mos.* (PO 27, 171ff.); Ps. Clem., *Recog.* 1: 35; Aphraates, *Demons.* 21 (Pat. Syr. 1, pp. 958 — 962); Hilary *De Mys.* 1. 16ff.; Clement of Alexandria *Strom.* 1. 23 — 26.
㊵ Auguste Luneau in *Moïse*, pp. 283 — 303. 因此我们在注释里较少参考拉丁作者。
㊶ 参见第二卷 173 节。
㊷ Daniélou, *Platonisme...*; Bouyer, *The Spirituality of the New Testament and the Fathers* (Paris, 1963), pp. 351 — 368; H. V. Balthasar, *Présence et Pensée. Essai sur la philosophie religieuse de Grégoire de Nysse* (Paris, 1942); W. Völker, *Gregor von Nyssa als Mystiker* (Wiesbaden, 1955); J. T. Muckle, "The Doctrine of St. Gregory of Nyssa on Man as the Image of God," *Mediaeval Studies* 7 (1945): 77 —84; Endre v. Ivánka, *Hellenisches und Christliches im frühbyzantinischen Geistesleben* (Vienna, 1948).
㊸ 关于与格列高利其他作品的相似之处及更详尽的讨论，参见对所提到的段落的注释。

(第一卷，19)；在西奈山，他把百姓留在后面，"大胆地靠近那幽暗本身"(第一卷，46)。格列高利鼓励独居的生活或者与那些具有"同样性情和同样思想"的人同住的生活(第二卷，18)。但他仍然要回到社会中去事奉。摩西在经历了旷野的苦修之后赢得了百姓的信任，使他们都愿意听从他(第二卷，55)；他在幽暗中获得神的教训之后就"下山回到百姓那里，与他们分享"他所看见的神迹(第一卷，56)。实践哲学必须与沉思哲学结合起来(第二卷，200)。

他强调苦修。美德的生活要求"庄严和深刻"(第二卷，2)。苦修是比埃及人的学识更大的哲学(第一卷，19)。格列高利把帐幕的顶盖解释为对有罪肉身的除灭和苦修的生活方式(第二卷，187)，他还认为苦修就是教会的装饰。

对情欲的控制是作品中不断重复的主题。比如，格列高利断言，若不完全扼杀邪恶的长子，就不可能脱离埃及人的生活(第二卷，90)。"他一旦把最初的苗头扼杀了，也就同时除灭了随之而来的后果"(第二卷，92以下)。同样，对洗涤衣服和远离动物以备西奈山上的上帝显现，他也给予道德上的解释，即保持身体和灵魂纯洁无污，使感觉(sense)受控于理性(第二卷，154，156)。嫉妒、骄傲和享乐作为属灵生活的敌人，在作品的后面部分开始广泛讨论。

在肯定方面，构成虔敬美德的两个部分就是对神的认识和正当的行为(第二卷，166)。信心、盼望以及良知这些美德得到特别的强调。摩西的杖曾是他得胜的"信心之道"(第二卷，36)；每个以色列人的杖是"盼望的信息"(第二卷，108)。"那上升飘进神耳朵里的声音，不是说话器官发出的哀告，乃是从纯洁的良心发出的深思"(第二卷，118)。这种通贯穿全文的道德兴趣的标志就是对祭司衣服的道德解释(第二卷，189—201)。

尽管《摩西的生平》有这种一般趋势，但近来的研究已经倾向于把它看作格列高利“神秘主义”的最高成就。(59)考虑到“神秘主义”这个词在使用上常常缺乏准确性，而且格列高利与哲学的发展紧密相关，所以我们宁愿谈论他的“灵性”(spirituality)。有些段落，尤其是讨论摩西在西奈山上的段落，有一定的“神秘”色彩，但格列高利主要关心的是道德价值和将要抵达神的灵魂的品德。*Theoria* 部分的结尾表达了格列高利的关注点：

> 因为真正达至神的形象的人，绝不再偏离神性的人，就在自身中刻上了独特的标记，在一切事上都表明他与原型的一致性；他以不朽坏的、不可变的东西美化自己的灵魂，对恶则毫不沾染。（第二卷，318）

格列高利灵性的顶点就是“跟从神”(第二卷，250—252)。那“等候神的声音，祈求自己跟在后面”的人是神真正的仆人。值得注意的是，本文几乎没有论及具体的操练——祷告、沉思、聆听圣经——作为通达神的方式。重点在于道德上的——广义上的——品质。

格列高利在本文的好几个地方都提到构成他灵修教义的总体神学框架之一部分的那些观点。(60)人是照着神的形象［镜子］造的（第二卷，47，318)。由于他坠入罪中，这形象蒙上了阴影（第二卷，45)。基督亲

(59) 上文注释 57 提到的 Daniélou，Muckle，Ivánka，Völker 的作品。关于格列高利的神秘主义的讨论集中在他对“出神”的理解上。Daniélou 对格列高利的看法的变化（*Platonisme*... pp. 261 — 273，讨论到“出神”)，见 Ekkehard Mühlenberg，*Die Unendlichkeit Gottes bei Gregor von Nyssa*，Forschungen zur Kirchen-und Dogmengeschichte 16（Göttingen，1966)，pp. 155ff.。他强调指出，心理学上对意义的探索与“出神”中求知的过程是相反的。Völker，*op. cit.*，pp. 202 — 215 把格列高利对“出神”的看法放在他的敬虔的背景下理解。“出神”在自身中把理智方面与情感方面结合起来。它用的是柏拉图的语言，但全面渗透了某种基督教精神，最后将自身纳入否定神学的框架。格列高利赋予他从奥利金那里继承的遗产以一种形式，古希腊最高法院法官可用这种形式来构建他的推测结构（speculative structure)。

(60) 见 Aubineau，SC 119：143 — 213；Muckle，*loc. cit.*；R. Leys，“La théologie spirituelle de Grégorie de Nysse，” *Studia Patristica* 2（1957)：495 — 511。

自取了我们的本性,以便恢复我们原初的本性(第二卷,30,175)。归信主使人恢复反映神性的能力(第二卷,47,207,214以下)。当人开始与神的无限性一起大踏步前行,就会不断地变得与神相像(第二卷,225以下,238以下);就能越来越多地分有神(第一卷,7;第二卷,62)。

因而,我们看到了《摩西的生平》中最具特色的教训,把整部作品连贯起来的主题,就是永恒进步的思想。[61]古人在成果中看到完全,但格列高利(类似于晚期斯多葛主义道德论者)否认在这种意义上获得完全的可能性。斐洛和奥利金早已把灵性生活描述为一种不断前进的过程,格列高利进而把进步本身看成完全。纳西盎的格列高利表达过类似的思想,即完全在于走向神的永不终结的行程中的无限进步。[62]

这种永恒进步的主题在前言中提出(第一卷,5—10)。用来描述神的无限性的语言(第二卷,236)这里用来表示美德:"人既然不可能找到界限,又怎么能到达所寻找的界限呢?"因为"完全的界限就在于它事实上没有界限",在美德的赛程中没有停留处(第一卷,5—6;参见第二卷,242)。完全是不受限制的,因而是不可获得的;于是完全被重新界定:"人性的完全也许就在于它在善性上的不断成长"(第一卷,10)。格列高利用很长一节来阐述永恒进步这一主题与神的无限性的关系。"因而,在向神的上升过程中没有界限能阻挡,因为向善的过程不可能找到界限,对善的渴望只能越来越大,不可能因为得到满足而终止"(第二卷,239)。贯穿全书的摩西的成就旨在强调这一条真理,每一次到达顶点之后,都有新的地平线展开。"朝向美德的活动使它的能力越用越大"(第二卷,226),格列高利这样认为。摩西"总是发现比他所到达的阶梯更高的阶梯"(第二卷,227)。分有美德使得追求美德的能力进一步增

---

[61] Daniélou 的作品强调这一点是格列高利的一大新贡献,并采用希腊词 ἐπέκτασις 来表述它: *Platonisme...* pp. 291—307, Glory to Glory, pp. 46—71; *Eranos Jahrbuch*, 23 (1954): 409—418; *Dictionnaire de Spiritualité* II: 1882—1885。

[62] *Or.* 38 (MG 36.317B);参见第二卷,237ff.。

强。肉体会感到厌腻,但精神不可能厌腻(第二卷,59 以下,230)。这种永远的进步并不表示缺乏满足。虽然人随着对神的不断分有,欲望也不断加强(第二卷,230,238),但这种体验不同于对物质事物的欲望的不断显现(第二卷,59 以下)。这种通向美德的进步是借善里面的稳定性获得的(第二卷,243)。它不同于在错谬中徒然用力,就如同人试图爬上沙丘,结果是毫无进展(第二卷,244)。无论是在序言里(第一卷,5)还是在正文里(第二卷,225),格列高利都引用《腓立比书》3:13 来表达人不断行进以分有更多的善这一主题。在快要结尾之处,格列高利再次强调人在此生所能获得的唯一完全只能在向完全前进的过程中找到(第二卷,305—314):"生命向着更高的善不断前进就是灵魂通向完全的道路"。

虽然格列高利非常重视圣经叙事的顺序,[63]但这一点不可在绝对意义上加以强调。摩西的生平不是用来说明灵性经验的某种系统化发展。[64]在人的灵性发展中,某些事在逻辑上确实先于另一些事,但生活经验不可以简化为一套公式。摩西生平的阶段性与其说是顺序上的范式,不如说是不断引向新事物的范式。

奥利金对格列高利的影响无疑是巨大的[65],但卡帕多西亚教父也对亚历山大的灵性作了重大修正。这里的目标是不同的,在格列高利那里,"不断进步"取代了奥利金仍然以希腊为基础的"静止统一"的体系。布鲁克斯·奥提斯也洞察到两种灵性的整体风格有重大分别。如果我们拿奥利金的《〈雅歌〉布道集》或者《〈民数记〉布道书》的第二十七篇与《摩西的生平》作比较,就会清楚地看到,有一道鸿沟把两种灵性分别开来。奥利金的灵性"受制于无处不在的试探和犯罪的可能性",

---

[63] Daniélou, *"Akolouthia,"* *Rev. des Sci. Rel.* 27 (1953): 236ff.
[64] 对 Daniélou 的 *Platonisme...* 提出的主要批评就是,它把后来的神秘主义的"三条道路"人为地强加给格列高利;见 Muckle, *op. cit.*, p. 84, 及 I. Hausherr's review in *Revue d'ascétique et de mystique* 22 (1946): 310—314。
[65] 见注释 37。

而格列高利的灵性"几乎独独关注得救或蒙福的无罪生活"。⑥这可能有点夸张，但有助于突出这两位伟大思想家各自偏爱的基督教观点。一个理解进步观，另一个理解罪之权势意识。

格列高利的"完全论"，或者从神学意义上可以称之为"神人合作说"，是希腊传统的一部分，且一直保存在东方神学之中。有人若是去追溯"永恒进步"观在东方教会的后期思想中的历史，必会卓有成效。韦尔奈·耶格尔已经表明格列高利对玛卡里乌（Macarius）和东方教会的灵性生活的全面影响。⑥

教义要点

虽然《摩西的生平》并没有反映格列高利的整个教义旨趣，但还是有些教义值得特别关注，并且可能与他的整个思想体系有关。

神⑥：格列高利的灵性教训严格基于他的神学，支撑他灵性论的基本教义就是神的无限性。在《摩西的生平》一开始，格列高利就论断说，神是绝对的良善和绝对的美德。他是不受限制、无限的，因为善的界限是由它的对立面设定的，而神性不可能包含对立面（第一卷，7）。

在本书的三个主要部分，也是最重要的段落里，格列高利阐述了这样的神论——燃烧的荆棘（第二卷，22—26），西奈山上律法的显明（第二卷，162—166），见神的要求（第二卷，221—222，231—239，249—255）。神是真正的存有（Being），因为他是唯一自存的本质；其他一切事

---

⑥ 布鲁克斯·奥提斯"作为一个统一体系的卡帕多西亚教父思想"，*DOP* 12 (1958)：108, 115。关于奥利金对神的"饱足"，与格列高利的"不断进步"的对比，见 M. Harl, "Recherches sur l'Origénisme d'Origène: la 'satiété' ($κόεος$) de la contemplation comme motif de la chute des âmes," *Studia Patristica* 8 (Berlin, 1966)：373—405。关于《摩西的生平》中的试探的事实，见 Daniélou *Platonisme...* pp. 87ff.。

⑥ *Two Rediscovered Works*, esp. pp. 174ff. 见 J. Gribomont, "Le *De Instituto Christiano* et le Messalianisme de Grégoire de Nysse," *Studia Patristica* 5 (1962)：312ff.。

⑥ Mühlenberg, *op. cit.*；W. Völker, "Zur Gotteslehre Gregors von Nyssa," *Vigiliae Christianae* 9 (1955)：103—128。

物的存在都依承于他。神是自足的,其他事物因分有他而得存有(第二卷,23—25)。无限的神是不可见的,也是不可领会的(第一卷,46)。他既然超越于一切认知思想和描述,当然就是完全不可认识的,在一切感官知识和理性概念之外(第二卷,162—165,234以下)。神性没有任何界限(第二卷,236—238)。人对神的部分经验使他不停地跟从神;看见神就是认识到神是不可认识的。"跟从神,无论他引向哪里,这就是看见神"(第二卷,252)。"真正的看见神乃是:渴望看见神,这种欲望永不满足"(第二卷,239;参见234)。

基督[69]:道成肉身,童女所生,基督的神人二性在格列高利的解经中占有非常突出的位置。他在摩西的故事中发现道成肉身的六种形象:燃烧的荆棘(第二卷,20以下)、摩西的杖变成蛇(第二卷,26—27,31—34)、摩西的手生出麻风(第二卷,26—30)、吗哪(第二卷,139)、帐幕(第二卷,174),以及法版(第二卷,216)。借着这些形象,他得以强调马利亚的永恒童贞(第二卷,21),不具有人的出身的基督既是先在的,又是被造的(第二卷,175以下),基督为我们成为罪,以改变我们的本性(第二卷,30—34)。

对道成肉身的这种强调并不意味着十字架被忽视了。当摩西除去埃及的灾祸(第二卷,78),为以色列代祷抵挡亚玛力的军队(第二卷,150以下)时伸出双臂祷告,十字架的形象就显现在这伸开的手臂之中,显现在使玛拉的水变甜的木头之中,在悬挂在木头上并由约书亚从迦南带回的葡萄串上(第二卷,267以下),还有铜蛇上(第二卷,273)。此外,用于帐幕的染红的羊皮和兽毛被认为是指十字架上受难的血和死(第二卷,183)。然而,令人吃惊的是,格列高利在讨论逾越节时并没有明确地提到受难(第二卷,103,参见98和102)。格列高利提到的十字架形象还是传统的,早已就有的,但道成肉身的形象却是原创性的成果,这或许

---

[69] Johann Lenz, *Jesus Christus nach der Lehre des hl. Gregor von Nyssa* (Trier, 1925).

就是他的特点所在。

圣灵和天使⑳：考虑到格列高利在他那个时代的教义争论中为确立圣灵的神性所起的作用，再看看本文，提到圣灵的地方如此之少，即使提到，也不是在严格的神学背景中，这确实是令人奇怪的。圣灵是道成肉身的关键（第二卷，216），如今"恩典……借着圣灵而丰盈"（第二卷，187）。格列高利赞赏在他之前那些把引导以色列人的云柱解释为圣灵的人（第二卷，121），他认为帐幕中的灯代表圣灵的光（第二卷，181）。在其他地方，担当协助神的百姓之职的，正是天使。因而有话说天使帮助义人与邪恶争战（第二卷，51，45）。他们的本性就如同人的智性灵魂，是非形体的（第二卷，51）。帐幕可以用来解释不同级别的天使的功能（第二卷，179以下）。

人和灵魂㉑：人性在起初时是完整的，不朽坏的（第二卷，215）。但这人性坠入了罪里（第二卷，45）。当人不顺服神的旨意时，神就在人的本性周围放置"那死的、属地的皮制覆盖物"（第二卷，22），于是人类如今就有了必死性和充满情欲的特点。身体一旦开始向下坠落，就一直向下，而灵魂，因是无形的，轻盈的，只要不受到阻挡，就向神上升（第二卷，224以下）。

包围在身体里的灵魂有三个方面：理性的、激情的（spirited）和欲望的（第二卷，96，123）。灵魂的欲望部分充满属地的欲望，并且永不满足（第二卷，60以下）。然而，灵魂的低级部分并非完全败坏。它们支撑着理性部分，并给它动力。灵魂要发挥适当的功能，理性部分必然居于支配地位，控制欲望部分和激情部分，并且引导它们。本文的道德劝告不断强调理性部分控制和支配情欲的必要性。"我们灵魂的一切活动……

---

⑳ W. W. Jaeger, *Gregor von Nyssa's Lehre vom Heiligen Geist* (Leiden, 1966). Ludger Kleinheidt, *Sancti Gregorii episcopi Nysseni doctrina de Angelis* (Freiburg, 1860).

㉑ F. Hilt, *Des hl. Gregors von Nyssa Lehre vom Menschen systematisch dargestellt* (Köln, 1890). 需要更多参考书目请参见第二卷注释29。

都由引导理性的旨意来看管"(第二卷,18)。

自由意志和神的合作[72]:人有选择的自由,这一点在格列高利思想中的地位是《摩西的生平》的基础。沉思第一卷开始就教导我们,在某种意义上,我们是自己的父母,"照着我们的愿望,借我们自己的自由选择,造就我们自己"(第二卷,3)。堕落以来,每个人都处于受神意指派来帮助人的天使和设计阴谋要毁坏人本性的魔鬼之间(第二卷,45以下)。人被置于这两个争战者之间,得选择跟从哪一个,站在哪一边,助谁得胜(第二卷,14)。格列高利不得不对他的观点中的一个大障碍物,即神使法老的心变硬,作出详尽阐述(第二卷,73—88)。他坚持认为,最初离开神是人作出的活动;神发出的影响力是同样的,没有偏向;但在它们的作用下,有人倾向这个方向,有人倾向那个方向。"我们人类在自身之内,在我们自己的本性之中,拥有走向光明或坠入黑暗的原因,这是我们自己选择的,因为我们想处于哪个领域,就把自己放在哪个领域"(第二卷,80)。"既然在同一个地方,灾祸临到这个人身上,却不去光顾另一个人,自由意志的不同选择使他们彼此分别。那么显然,如果没有我们的自主选择,就不可能出现任何邪恶的事物"(第二卷,88)。

与这一要点相对应,神的活动被视为一种合作,旨在协助已经开始向美德运动的灵魂。圣灵引导那些相配的人走向善(第二卷,121)。"确实,神赐给我们人的恩助,是为那些真正过着美德生活的人提供的"(第二卷,44)。

洗礼[73]:格列高利遵循一般的基督教传统,认为过红海是洗礼的一种预表(第二卷,124—129)。他首先把洗礼看作对邪恶势力的得胜,这是与他的救赎论相一致的。那些处于奴役状态的人把暴君淹没在水中。

---

[72] J. Gaith, *La conception de la liberté chez Grégoire de Nysse*, Etudes de phil. Médiév. 43 (Paris, 1953). 见第二卷注释5。

[73] 格列高利的洗礼思想像他对其他一些问题的讨论那样显示出原创性,他在 *Vita Moysis* 里所说的与他在其他作品中的讨论是一致的。

借着"救人的洗礼",情欲被治死。"神秘的水"置神的仇敌于死地,赐神的朋友以生命。但格列高利清晰地意识到,水里所发生的绝不是法术上的变化。他在讨论中很大一部分都在处理人接受洗礼的解放之后仍然允许"埃及军队"(情欲)放纵之不相称问题。另一处他告诫说信徒中仍有私欲存在(第二卷,277)。格列高利认为那些施行洗礼的人就是"那些洗去罪之污秽的人","看管恩典的人","那些分有白白恩赐的人"(第二卷,185)。

普遍救恩⑭:apokatastasis,或者万物向神的回归,是本文中明确教导的观点。因而埃及被黑暗笼罩三天之后又见光明被解释为"那些在欣嫩子谷(Gehenna)受刑罚的人可望将来在他们的天国里实现这最终的复归"(第二卷,82)。火的惩罚对那些在生活方式上效法埃及人的人来说是真实的(第二卷,83),但这不会是永远的。摩西伸出的双手代表"医治伤病和免受痛苦"(第二卷,84)。

圣经:格列高利晚年作品的特点是,他为自己的灵性教义确立圣经根基。不仅整部《摩西的生平》基于圣经叙述,对灵性解释也尽可能提供圣经基础。对经文的不断引用就是对此的最好证明。在前言里他说:"在这个问题上求教于圣经对我无疑是件好事"(第一卷,11)。众先知和众使徒是圣灵运行的乐器,大声吹奏出神的信息(第二卷,159)。本文充满了这种关于圣经之神性的论断。圣灵既感动人写下了圣经,也必指导人解释圣经(第二卷,173)。

教会生活⑮

从本文的性质看,能表明当时教会生活的迹象很少,但很能揭示内情。格列高利写作时正是对偶像崇拜大获全胜之时,所以文中反映了4

---

⑭ 见第二卷注释102。

⑮ T. A. Goggin, *The Times of Saint Gregory of Nyssa As Reflected in the Letters and the Contra Eunomium* (Washington, 1947), pp. 145 — 177.

世纪的大规模皈依（第二卷，203）。他也知道，这些皈依者很多并没有一直忠实于或进一步培养基督徒品格。"在那些……已经与福音自我认同的人中，有许多今天仍然受到魔鬼种种试探的威胁和攻击"（第二卷，56 以下；参见 127 以下）。

格列高利还反映了挑战 4 世纪教会教义的那些异端邪说（第二卷，16，161，218）。既然那些拒斥"真理法则"的人掌了权，隐退的一个动机就是想摆脱教会里的种种纷争。

格列高利知道自己的职位具有影响力，所以他从父亲的角度来看待主教之职（第一卷，2）。他的前辈都是"祖先"（第二卷，13），他自己的任务就是用教会的"律法和习俗"提供滋养（第二卷，12）。只要圣经没有明确教导的，"列祖传统"就提供可靠的教义保障（第二卷，45）。

格列高利还反思了挑战教会神职的异端。并非所有人都可以自信地学习奥秘，应当挑选一些相配的人，能聆听神圣之事的人，教导他们如何领会（第二卷，160）。摩西逃到米甸，又带着解放的信息回来，可以认为这是在教导"人若还没有借这种属灵的训练装备自己，获得教训众人的本领，就不可擅自在百姓中教导"（第二卷，55）。然而，格列高利注意到，许多时候，我们可能看到自私而野心勃勃的人夸口自己是神的执事（第二卷，279）。他们追求奢侈的生活，没有体现出牧者应有的纪律（第二卷，286）。对那些他认为不配做神职人员的人，他大加指责他们的傲慢，从他的话里似乎可以看出，他本人遇到过这样的人（第二卷，283）。

帐幕的讨论（第二卷，184—188）使格列高利有机会思考教会的结构。教会的支柱是众使徒、众教师以及把福音的光带到人面前的众先知。在教会里，赞美的祭和祷告的香每日献给神。帐幕的洗涤盆就是那些主持洗礼的人。庭院指信徒之间的和睦、爱和平安。教会尤其以隐修的生活为美，以染红的羊皮和兽毛制成的顶盖为记号。

格列高利认定的旧约伟人㊉

在格列高利看来，每位旧约伟人都是一种美德的典范。㊆因而他说："圣经教导我们，挪亚是公义的，亚伯拉罕是信实的，摩西是温顺的，但以理是智慧的，约瑟是贞洁的，约伯是清白的，大卫是高尚的。"㊈在赞美梅勒提乌（Meletius）的颂辞里，格列高利宣称他拥有大卫的温顺，所罗门的明智，摩西的良善，撒母耳的谨慎，约瑟的贞洁，但以理的智慧，以利亚的热忱。㊇

在《驳优诺米乌》(Against Eunomius) 里，他对亚伯拉罕的描述所用的术语非常类似于描述摩西时所用的术语。㊅亚伯拉罕在智慧上超过自己的同胞，迦勒底人的哲学。亚伯拉罕的迁移绝不只是空间上的行程，为了到达神，他发挥了自己作为人的能力。他把每一次新发现都当成下一次发现的铺路石，始终"努力面前的"(《腓立比书》3∶13，《摩西的生平》引用的经句)。他把一切感官认知抛在后面，凭着信心知道神比任何显现出来叫人认识他的符号更大更崇高。在一篇赞美司提反的颂辞里，他把亚伯拉罕和摩西一起引来作为灵性上的榜样。㊋富有特色的是，这一段论到摩西比论到亚伯拉罕更多。

格列高利的作品多次拿摩西生平中的事件作为美德的典范。㊌对摩西的生平和灵性上的得胜有多次的全面概述。㊍在一个段落里，格列高利

㊉ 在基督教还没有自己的圣徒时代之前，旧约的圣人就是范例——Auguste Luneau in *Moïse*, p. 288。见 M. Simon, "Les saints d'Israel dans la devotion de l'Eglise ancienne," *Rev. Hist. Phil. Rel.* 34 (1954)：98—128。

㊆ Daniélou in *Moïse*, p. 269.

㊈ *C. Eun.* 2. 322, Vol. 1, pp. 320, 9—12 (MG 45. 1017D).

㊇ MG 46. 857C.

㊅ *C. Eun.* 2. 85—92, Vol. 1, pp. 251, 22—253, 30 (MG 45. 940A—941B).

㊋ MG 46. 713A—B.

㊌ Daniélou in *Moïse*, pp. 269ff.

㊍ *In inscrip. Ps.* 1. 7, Vol. 5, pp. 43, 21—45, 20 (MG 44. 456C—457B); *De castig.* (MG 46. 316A—C); *In laud. frat. Bas.* (MG 46. 808D—813A) ——比作 *Vita Moysis*，见 J. A. Stein, *Encomium of St. Gregory of Nyssa on his Brother St. Basil* (Washington, 1928), pp. 20—23。

集中谈到摩西体验神的三个阶段:"神向伟大的摩西的显现始于光;后来神在云里对他说话;再后,当摩西变得更高尚、更完全之后,就在幽暗里看见了神。"㉞《摩西的生平》这篇作品之外论到摩西生活的最详尽的段落值得全文引用,因为它读来几乎就是我们这篇作品的一个概论,也表明它的主题早已对格列高利呈现出某种重要性。㉟

  摩西所深切渴望的主的面曾掠过他,因而这位立法者的灵魂在跟从引路的道时始终游离于现在的状态之外。谁不知道摩西所攀登的那些高峰?他已经变得越来越大,他的成长永不停止。就是刚开始时,当他认为基督的责备比埃及的王国更宝贵,宁愿与神的百姓同受苦难,也不愿暂时享受罪中之乐时,他就已经长大。㊱当埃及人压迫希伯来人,他为以色列人争战,杀灭外邦人时,他又一次长大。你肯定理解这一历史事件中包含的属灵意义。当他长期在旷野独居,致力于哲学沉思时,他再次自我超越。然后,他被荆棘中的火照亮,他的听觉借着道受到生命之光的开启。于是他脱去脚上死皮做的鞋子。他用自己的杖消灭埃及的蛇,领他的百姓脱离法老的暴政。他在云柱的引领下,分开海,淹死暴君,使玛拉的水变甜,

---

㉞ *In Cant.* 11, Vol. 6, p. 322, 9—12 (MG 44.1000C)。这里提到的三件事已经得到多方面的证实:(1)《出埃及记》19:18 及 3:2;(2)《出埃及记》20:21 或 24:15—18;(3)《出埃及记》24:15—18 或 20:21。如果从第一组段落看,显然,格列高利注意到关于西奈山上的圣灵显现有不同的叙述;困难之处在于,在七十士译本里,提到幽暗的经文是 20:21,提到云柱的是 24:18,所以顺序不对。即使想方设法把三件分立的事统一起来,第三件事的一致性仍然有问题,而这件事对格列高利来说必是最重要的事件。Dorothy Emmet, *op. cit.*, p. 43 (跟从 Daniélou 的 *Platonisme...* pp. 17—23)提出了《摩西的生平》里的三个阶段,但完全没有提到《雅歌》的经文:(1)洁净和照亮——燃烧的荆棘,(2)与世界分离——穿越旷野时经过云柱,(3)进入西奈山的幽暗。《民数记》2 章在《摩西的生平》里似乎没有这种重要性。如果把《雅歌》的段落拿来与《摩西的生平》相联系,那么我们就可以指出,"光"就是燃烧的荆棘,"云"是西奈山上的神灵显现(把 20—24 看做一个整体),而"幽暗"则是当摩西站在磐石洞穴里,神用手遮挡他时,他所看见的神的"背"(出 33:20—33)。虽然"幽暗"这个词并没有出现在这段经文里,但格列高利很可能会这样解释。这一设想与《摩西的生平》里关于神的知识的三个主要段落论到的基础性事件是对应的。
㉟ *In Cant.* 12. Vol. 6, pp. 354, 8—356, 16 (MG 44.1025A—D).
㊱ 《希伯来书》11:25。

击打磐石，得天使之粮的滋养。他听到号角，勇敢地面对火山，触到峰顶，来到云下，进入神所在的幽暗，领受了约，成为那些靠近的人不可企及的太阳，因为他脸上放射出荣光。事实上，谁能描述他所到达的一个个高度和神所显现的种种形象？然而，经历了这样事件的这个人，就是这个取得这些成就之后已经上升到神性的摩西，仍然毫不满足。他恳求神与他面对面相见，尽管圣经已经证实，他可算配与神面对面说话的人。然而，无论他像朋友一样跟神说话还是与神亲密地交谈都没有使他停止进一步的追求。相反，他说，我若能在你眼前蒙恩，求你使我认识你。[87]神就允了所求的恩，说我已经认识你在一切人之上。[88]神把他放在磐石穴中，用手遮掩他，然后掠过他，这样，神走过之后，他就只能看见神的背。我想，圣经借此教导我们，渴望见神的人就在孜孜跟从神的过程中看见所渴望的对象。对神面的沉思就是直接跟在道后面的永无止境的行程。

《摩西的生平》的翻译[89]

"尼撒的格列高利的语言和思想往往使翻译者望而却步。"[90]《摩西的生平》就经历了这种令人不敢涉足的窘境，但对格列高利在基督教灵性发展中的地位的兴趣使人们又不得不关注这篇作品。

米涅（Migne）出版的拉丁译本于15世纪末由特拉勃森的乔治（George of Trebizond, 1395—1484）所译。它代表着一种低劣手稿的传统，丝毫没有改变乔治是一个蹩脚译者的坏名声。简·但涅娄还没有完全整理好《摩西的生平》的主要抄本，就于1942年在 Sources Chrétiennes 第一

---

[87] 《出埃及记》33：13 改编。
[88] 《出埃及记》33：17，七十士译本。
[89] 关于 Vita Moysis 的版次和译本的出版信息见参考书目。
[90] Aubineau, SC 119：218.

卷发表了法文译本。这一译本与他所审定的一个评论性希腊文本一起二版重印（1955 年）。比照一下希腊文本，这个译本更多的是意译。它还有注释，从我们自己的注释里可以看出这些注释对我们的影响。对我们的翻译最有帮助的是 Sophia 丛书里曼弗雷德·布卢姆（Manfred Blum）的德文译本（Freiberg im Br., 1963）。荷尔伯特·墨索里罗（Herbert Musurillo）摘录《摩西的生平》的一些大段并译成英文，收录在《荣上加荣：尼撒的格列高利的神秘主义作品集》（From Glory to Glory: Texts from Gregory of Nyssa's Mystical Writings, London, 1961）里，但《摩西的生平》不曾有过完整的英译本出版。

我们的译本译自一个折中的希腊文本。[91]我们对墨索里罗为莱敦版确立的文本（由韦尔奈·耶格尔开始，赫尔曼·朗格贝克接续）作了自己的整理，同时参照了但涅娄 Sources Chrétiennes 里的版本。在大部分地方，变异对英译本几乎没有影响。我们的努力在于尽可能使英文的风格接近于希腊文本。因为其他译本都倾向于意译，所以我们力图传递格列高利风格的原味，提供一个能帮助学生理解原著的译本。

引用的经文出于耶路撒冷版圣经，除非为了使格列高利的论点阐述明白需要更准确的译本，我们才使用其他圣经文本。我们在注释里标出了这样的例外。在希腊文旧约与希伯来文旧约大相径庭的地方，也有注释作出说明。格列高利参照的是希腊文旧约，这一点为他的许多解释作出了说明。每部分开头的注释里所指出的圣经引文覆盖整个部分。除非引入新的圣经材料，否则本作品第一部分已经指出的圣经参考，在第二部分里讲到其属灵意义时不再重复指出。每一节的编码出于但涅娄的 Sources Chrétiennes 版。

---

[91]　关于手抄本的信息，见 Daniélou, pp. xxxii-xxxv; Musurillo, pp. v-xix。

第一卷 | 摩西的生平或论美德上的完全

前　　言

1.在赛马中，尽管马只是一个劲儿地向前奔跑，观众却关注胜负，为各自喜欢的马呐喊助威。他们在看台上，聚精会神地注视着比赛，一方面想激发驾马者全力以赴，同时又想敦促①马匹勇往直前，于是他们身体前倾，伸出双手用力挥动空气，因为他们手上没有鞭子。他们这样做，并不是因为这种动作本身能够对比赛的胜负起什么作用，他们只是想用这种方式，借着良好的愿望，用声音和行为来充分表现他们对选手的关心。②尊敬的朋友和弟兄，我自己似乎也正在做着这样的事。当你怀着敬意参加这场神圣的比赛，沿着美德的跑道轻巧跳跃，为得从上面召我来得的奖赏③而坚持不懈时，我也同样精神抖擞地劝勉你，催促你，激励你加快步伐，全力以赴。我这样做，不是出于一时的冲动，而是为了顺应一个心爱的孩子的喜悦之情。

2.由于你最近写信给我，请求我们在完全生活上给予一些忠告，我想我们最好满足你的要求。④就算我的话对你可能并无用处，但这一虔心顺服的典范必不会对你全无益处。我们这些受命做如此众多灵魂之父的人⑤，尚且认为我们在垂暮之年⑥接受年轻人的委托是适当的，那么，你

---

① 读作"$\epsilon\pi\iota\kappa\lambda\acute{\alpha}\zeta o\nu\tau\epsilon\varsigma$"。在正文中读作"$\acute{\epsilon}\pi o\kappa\lambda\acute{\alpha}\zeta o\nu\tau\epsilon\varsigma$"时出现在第二卷57节。
② 同一比喻见 Gregory of Nazianzus *Or.* 42, *In laudem Bas.* 15 (MG 36.513D－516A)。
③ 《腓立比书》3:14。在本作品中，赛马场是作者特别喜爱的一个比喻；参见 *De instituto Christiano* 前言中"全心致力于美德的比赛"这一短语，Vol. 8, 1, p. 43, 13。
④ *De perfectione* 也有类似的前言，是因为有人请他就如何"借着美德的生活"获得完全提供指导而写的，Vol. 8, 1, p. 173 (MG 46.252A)。在那篇前言里，格列高利提出保罗是这样的引路人，就如他在本文中提出摩西是典范一样。*De instituto Christiano* 是为回应一群修道士提出的要求而写的，他们恳求格列高利对美德生活的目标以及实现美德生活的途径谈谈看法——Vol. 8, 1, p. 41, 10ff.。
⑤ 关于灵性上的父亲见 I. Hausherr, *Direction spirituelle en Orient autrefois*, Orientalia Christiana Analecta 144 (Rome, 1955), pp. 17－39。
⑥ 格列高利在 *De inf. qui praem. abr.* (MG 46.161B); *C. Eun.* 2.605, Vol. 1, p. 403, 6－7 (MG 45.1112D); *Ref. conf. Eun.* 208, Vol. 2, p. 401, 3 (MG 45.561B) 也提到他的晚年。

岂不更加应当去确证你真心顺服的义行,因为我们教导过你,年轻人,要自觉顺服。

3. 这一点就说到这里。我们必须担负起摆在我们面前的任务,让神做我们论述中的向导。⑦亲爱的朋友,你要求我们概述一下完全的生活是怎样的。显然,你如果能在我的论述中找到你所寻求的东西,就打算将我的话所显明出来的恩典转化为你自己的生活。但是我对两件事感到同样的迷茫:一是要在我的论文中囊括完全是我力所不能及的,二是要在我的一生中证明论文中的见识⑧也是我力所不能及的。或许不单是我如此,许多伟人,甚至那些道德高尚的人,也会承认这样的成就是他们所无法企及的。

4.《诗篇》作者说:"哪里没有恐惧,哪里就要因恐惧而发抖"⑨,但是我似乎不会这样,我会把我所想的向你阐述得更加清楚。

5. 凡可以靠感觉测量的事物,某种确定的界线就能标出它的完全。比如,数量既包含连续性,又包含限制性,因为任何量上的尺度都受制于其自身某种固有的界限。⑩一个人看着一肘尺或数字十,他就知道它的完全在于它既有始也有终这一事实。然而我们从使徒得知,对于美德而言,它的完全的界限就在于它事实上没有界限。那位圣使徒才智过人,品德高尚,一直奔跑在美德的跑道上,从未停止"努力面前的"⑪;对他来说,在比赛中停顿下来是不安全的,为什么呢?因为良善本身是没有

---

⑦ 在开始写一篇 logos 的时候,通常都要祈求神的指引。参见 In Hex (MG 44.68C—D)。我们把 logos 译为"论文"。

⑧ 关于 κατανοέω 见注释 83。

⑨《诗篇》13:5,七十士译本 [应该是希伯来文版的 14:5,但马所拉文本 (Masoretic text) 已没有此节]。

⑩ 参见 In Cant. 6, Vol. 6, p. 173, 11ff. (MG 44.885C—D)。见亚里士多德《范畴篇》(Categories) 4b 20ff.

⑪《腓立比书》3:13。这段是整篇论文的主题,即,完全是一种不断的进步。见导论 pp. 12 – 13 (10 – 11),尤其是注释 61。

界限的，唯有当其对立面出现时才会受到限制，⑫正如生命受到死亡的限制，光明受到黑暗的限制那样。一切良善之物通常都因那些被理解为与良善对立的事物的出现而告终结。

6. 生命的终结是死亡的开始，同样，美德比赛中的停止就表明邪恶比赛的开始。因而，我们说根据美德领会完全是不可能的，这话并没有错，因为我们已经指出，凡是能由界限标示出来的，就不是美德。

同样，我还说过，那些追求美德生活的人，都不可能获得完全。这话的含义会在下文加以解释。

7. 神 (the Divine One) 本身就是至善（就这个词原初且特有的意义来说），⑬良善正是神的本性。这是他的所是，也是他的名称，他也因这种本性而为人所知。因为除了邪恶之外，还未曾证明美德有什么界限，也因为神不包含对立面，所以我们认为神性必是不受限制的，无限的。毫无疑问，凡追求真正美德的，除了分有神之外，不分有别的，因为神本身就是真正的美德。⑭这样说来，既然那些认识本性良善之物的人都渴望分有它，而且这种良善没有任何限制，那么分有者本身必然丝毫不想有任何停顿，只想永无止境地大踏步前进。⑮

8. 因此，要获得完全是根本不可能的，因为正如我所说的，完全是不可以用界限加以标示的，美德的唯一界限便是它没有界限。一个人若

---

⑫ 参见 *In Ps.* 1.8, Vol. 5, p. 63, 4—5 (MG 44.480A), "良善的非存在 (nonexistence) 便是罪恶。" *In Eccl.* 7, Vol. 5, pp. 406, 16—407, 3 (MG 44.725A), 同样，邪恶的反面是良善，虚无 (nonbeing) 的反面是存在。关于格列高利通过对比来说明局限性，也可见 *Or. cat.* 6 (MG 45.28C)；*C. Eun.* 1.167—168, Vol. 1, p. 77 (MG 45.301C)。

⑬ 参见亚里士多德《尼各马科伦理学》(*Nicomachean Ethics*) 1157a30。

⑭ "良善的本质就是真存有"——*De an. et res.* (MG 46.93B)。参见 *Ep. can.* (MG 45.224D—225A), 格列高利宣称，真美仅存于美德及作为美德之源的本性之中。斯多葛主义认为，在美德与邪恶之间并无明显的界限 (J. von Arnim, *Stoicorum veterum fragmenta* 1.566), 斐洛 (*Ebr.* 7; *Sac.* 135) 和奥利金 (*Comm. Jno.* 20.13) 也有这种观点。神就是美德，这是柏拉图主义者所否弃的观点 (*Albinus, Didas.* 28), 它可能出于斯多葛主义的原则，即人和神的美德是同一的 (von Arnim, *op. cit.* 1.564; 3.245ff.), 可见柏拉图《泰阿泰德篇》176b。

⑮ 见第二卷 305—306 节。Balás, pp. 154f. 讨论了这一段落。

找不到任何边界,又如何能到达他所寻找的边界呢?⑯

9. 虽然我已经总体上表明了我的观点,即所寻求的目标是不可能达到的,但我们不应无视主的诫命:"所以,你们要完全,像你们的天父完全一样。"⑰就那些本性良善的事物来说,人的悟性即便无法获得全部,就算只能获得部分,也能收益颇丰。

10. 我们应当尽心尽力,不可放弃可以获得的完全,而要尽一切可能去获得。为此,就让我们在自己所追求的领域中不断取得进步。人性的完全也许就在于它在善性上的不断成长。⑱

11. 在这个问题上求教于圣经对于我无疑是件好事。在《以赛亚书》的某处,神有声音说:"要追想你们的祖宗亚伯拉罕和生养你们的撒拉。"⑲圣经这是在告诫徘徊在美德之外的人。就像在航海中,离开港口,渐驶渐远的人,借着一个明显的标记,比如看到一座高高升起的灯塔,或者映入眼帘的一座山峰,使自己原路返回,同样,圣经以亚伯拉罕和撒拉为例,引导那些心无所属、还在生命之海中⑳漂泊的人回到神意的港湾中去。

12. 人分为男人和女人,两者都要决定是选择美德还是选择邪恶。为此,神的声音已经为两性分别树立美德的典范,叫男女遵循各自的同

---

⑯ 在美德上永远进步的基础是神的无限性。参见第二卷 236 节。见普罗提诺《九章集》6, 7, 32。由于良善是不受限制的,因而在良善上的进步是没有界限的——*Cat. or.* 21 (MG 45.60A);*C. Eun.* 1. 290, Vol. 1, p. 112, 15 – 20 (MG 340D);*De an. et res.* (MG 46. 96C – 97A);*De hom. op.* 21 (MG 44. 201B – C)。关于对神的渴望不断增加,参见 *In Cant.* 1, Vol. 6, p. 31, 6 – 9 (MG 44.777B);12, Vol. 6, p. 366, 11 – 20 (MG 44. 1036A)。关于一般主题,见 Ekkehard Mühlenberg, *Die Unendlichkeit Gottes bei Gregor von Nyssa*, Forschungen zur Kirchen – und Dogmengeschichte 16 (Göttingen, 1966), esp. pp. 159ff.。

⑰ 《马太福音》5:48。

⑱ 这一主题即完全必然体现在进步本身之中,出现在《论完全》(*De perf.*) 中,尤其是结论部分,Vol. 8, 1, pp. 213, 14 – 214, 6 (MG 46. 285C – D)。这种进步哲学与变化就必然包含不完全的希腊思想的对比在 Daniélou 那里得到了阐发,"La Colombe et la ténèbre dans la mystique byzantine ancienne," *Eranos Jahrbuch* 23 (1954):400 – 405。

⑲ 《以赛亚书》51:2。

⑳ 关于海的象征意义,见 H. Rahner, "Antenna Crucis, II, Das Meer der Welt," *Zeitschr. Kath. Theol.* 66 (1942):89 – 118。

类（男的遵循亚伯拉罕，女的遵循撒拉），以便借着适当的榜样㉑过美德的生活。

13. 也许关于某人杰出生活的回忆就足以满足我们寻求灯塔的需要，向我们显明如何把我们的灵魂引向美德的避风港湾，㉒到了那里，我们就不必再在生活的风暴中苦熬寒冬，不必再因那滚滚的情欲巨浪，而葬身在邪恶的深水之中。也许正因为如此，那些杰出人物的日常生活才被详尽地记载下来，好叫跟从他们的后人效法前人的义行，引导自己的生活向善。㉓

14. 那又如何呢？有人会说，"我记得亚伯拉罕是迦勒底人，但我又不是迦勒底人；圣经教导说，摩西得到埃及女子的养育，但我又没有得到埃及女子的喂哺，总而言之，我生活中的这些事没有一样是与古代的哪位祖先对应的，那么，我又如何仿效他们呢？既然我不知道如何仿效那些由于生活环境大相径庭而离我如此遥远的人，那么我又怎能将自己与他们中的一位相提并论呢？"对此，我们回答说：我们认为做一个迦勒底人既不是一种美德，也不是什么邪恶，人也不会因为居住在埃及或生活在巴比伦就被拒斥在美德生活之外，不是唯有犹太（Judaea）那些受人尊敬的人才认识神，㉔也不是如人们通常认为㉕的那样，唯有锡安才是神的居所。我们需要某种精到的领悟和敏锐的洞察，透过这些历史叙述，不拘泥于迦勒底人和埃及人，撇开这样一种巴比伦囚房，从而洞察到我

㉑ Palladius, *Hist. Laus.*, Prol., 2, 15 讲述了可分别为男女效仿的典范故事。

㉒ Philo, *De sacrif.* 27. 90.

㉓ 关于旧约圣徒在早期教会的地位，见"导论"注释 76。关于亚伯拉罕在先祖中作为美德典范见 Daniélou, "Abraham dans la tradition chrétienne", *Cahiers Sioniens* (1951): 160 – 179. 格列高利 *De deitate filii et sp. sanc.* (MG 46.569) 提到亚伯拉罕和撒拉。关于格列高利提到亚伯拉罕的其他地方，参见"导论"注释 78、80、81。

㉔ 《诗篇》75: 2, 3。

㉕ κατὰ τὴν πεόχειεόν ἔννοιαν. 这一公式在格列高利看来似乎不同于"κοιναὶ ἔννοιαι"，他所详述的那些信仰的共同真理，就是他从斯多葛主义和新柏拉图主义那里借用的真理，他还使之成为他的宗教哲学的框架。参见 Jules Gross, *La divinisation du chrétien d'après les Pères grecs* (Paris, 1938), p. 219。

们该如何开始追求幸福的生活。

15. 我们要在论述中把摩西作为我们生活的榜样。㉖首先我们要按我们从圣经中所了解的,全面概述摩西的生活;然后我们要找出符合历史㉗的属灵理解,以便获得有关美德的启发。通过这种理解,我们就可以逐渐认识人的完全生活。

摩西的历史

16. 经上说,摩西出生的时候,正是那个暴君立法,企图禁止希伯来人生养男孩㉘的时候。然而,摩西在其外在的恩典中就已经预示了他最终要做出的全部贡献。他还在襁褓中就已显得俊美,㉙这样的孩子,父母不忍杀死,就藏了下来。

17. 后来当暴君威逼得紧的时候,摩西的父母也不是简单地把他扔到尼罗河了之,而是把他放在一个箱子里,箱角抹上石漆和石油㉚,然后放入河中,随水漂流。(那些认真记载摩西故事的人就是这样叙述的。)㉛箱子受到某种神圣力量的引导,沿着倾斜的河堤漂到了一个地方,然后,在水浪的拍击下,很自然地被冲到了岸上。国王的女儿碰巧来到长满青草的岸边,就是箱子被冲上来的地方,此时箱子里传出婴孩的哭声,于是她就发现了他。当公主看到显现在他身上的外在恩典时,出于善意,随即收养了他,并认他做儿子。但小孩本能地拒绝生人喂奶,于

㉖ 关于格列高利把摩西作为美德典范的其他段落,见"导论"注释 82 和 83。
㉗ 关于"领悟"(διάνοια) 在希腊的寓意使用中的背景,见 R. M. Grant, *The Letter and the Spirit* (London, 1957), pp. 125f.; 关于"历史"(ἱστορεία),见"导论"注释 42。
㉘ 《出埃及记》2:2 以下。
㉙ 约瑟夫《犹太古史》(Josephus, *Ant.*) 2.9.226—231。围绕摩西出生的犹太传说,见 Renée Bloch, "Moïse dans la tradition rabbiniue," *Moïse*, pp. 115f.。
㉚ 《出埃及记》2:3,七十士译本。
㉛ 相似的说法见 *C. Eun.* 2.285, Vol.1, p.310, 13ff. (MG 45.1008A)。

是通过他的近亲的谋划,他终于吃上了自己母亲的奶。㉜

18. 他在王宫里度过了童年,接受了异教学问的熏陶,㉝渐渐成长。㉞但他既没有选择异教徒认为荣耀的东西,也不再把收养他的智慧女人认作母亲,而是回到了生母身边,并喜爱自己的同胞。㉟看到一个希伯来人和一个埃及人争斗,他就站在自己的同胞这边,杀了外族人。㊱看到两个希伯来人彼此争斗,他就想方设法阻止他们,劝说他们要让本性而不是情欲来做他们争论的裁判,因为他们原本是兄弟。

19. 摩西虽然被那个作恶的人拒斥了,却视这一拒斥为成就一种更大哲学的机会。㊲他与世隔绝,不与人往来,独自生活。后来又做了一个外族人的女婿,那人能明察何为高贵,能对人们的习俗和生活做出敏锐的判断;仅从一件事,摩西救那人的女儿们脱离牧羊人的手㊳,那人就看出这位年轻人的美德,他如何不顾个人得失为正义而战。虽然牧羊人没有

㉜ *Midrash Rabbah*, *Exodus* 1.25 指出,在公主试图找一名希伯来奶妈之前,婴儿摩西已经拒绝了好几个埃及奶妈。

㉝ 《使徒行传》7:20—22;斐洛《论摩西的生平》(*Vit. Mos.*) 1.5.21—24。亦参见 Clement Alexandria, *Strom.* 1.23, 他概述了希腊化的犹太传统;还有格列高利的另外作品 In laud. frat. Bas. (MG 46. 789B;808D)。可以认为,这种(从犹太人被巴比伦俘虏奴役起至公元 1200 年所作的)犹太法学博士的圣经注释 (midrash) 可以追溯到近东的一种由文士来抚养弃婴的传统——Brevard Childs, "摩西的出生", *Journal of Biblical Literature* 84 (June, 1965):114。

  关于基督徒和古典教育,见 H. I. Marrou, *A History of Education in Antiquity*, trans. George Lamb (New York, 1956), pp. 419—438。格列高利用"τὴν ἔξωθεν παίδευσιν"表示在教会"外面"实施的教育 (参见第二卷, 13)。我们根据上下文译为"异教的"或"世俗的"。这个词,请参见 H. Karpp, "Christennamen," *RAC* 2;1137f.;Ilona Opelt, "Griechische und Lateinische Bezeichnungen der Nichtchristen, Ein terminologisoher Versuch," *Vig. Christ.* 19 (1965):1—22。关于格列高利对异教教育的态度见导论, pp. 4f., 第二卷注释 57;参见 T. A. Goggin, *The Times of Gregory of Nyssa as Reflected in the Letters and the Contra Eunomium* (Washington, 1947), pp. 99ff.;W. Jaeger, *Early Christianity and Greek Paideia* (Cambridge, Mass., 1961), pp. 86ff.。

㉞ 见 W. C. van Unnik, *Tarsus of Jerusalem* (London, 1962) 关于 τεοφή 和 παίδευσις 作为古代教育的两个阶段。

㉟ 参见 *In inscrip.* Ps. 1.7, Vol. 5, p. 43, 24—26 (MG 44.456C);*In laud. frat. Bas.* (MG 46.808D—809A);斐洛《论摩西的生平》1.7.32。

㊱ 《出埃及记》2:11—14。

㊲ 《出埃及记》2:15—21。对摩西在米甸的解释遵循斐洛《论摩西的生平》1.9.46—50。参见第二卷注释 23。关于隐修生活就是哲学,参见 *Vita s. Mac.*, Vol. 8, 1, p. 377, 4 (MG 46.965B) and *passim*;*De inst. Chris.* Vol. 8, 1, p. 41, 20f.。

㊳ 斐洛《论摩西的生平》1.11.59 非常接近。对整个事件的论述从第十章五十一节开始。

对摩西本人行恶，但摩西考虑的是正义本身的价值，所以对牧羊人的恶行给予了惩罚。那人因摩西所行的这些事就尊敬这位年轻人，认为他虽然穷乏，身上体现的美德却比大富大贵更有价值，于是就将女儿许给摩西为妻，并不失权威地允许他想怎样生活就怎样生活。于是，摩西远离喧哗的集市，独自住在山里，在旷野放牧羊群。

20. 历史记载说，摩西这样生活了一段时间后，神向他显现，令他恐惧战兢。[39]时至正午，一束比阳光还明亮的光照得他眼花缭乱。[40]出于对这一异象的惊奇，他抬头向山上看去，只见一片荆棘，那光就像一团火焰一样正在荆棘丛中闪耀。当他看到荆棘的枝条在火焰里发芽抽枝，仿佛是在净水中一般，[41]就自言自语地说，"我要过去看这大异象。"话音刚落，他就不再只是眼睛能够看到奇异的光，而且（最令人惊奇的是）他的耳朵也被光线开通。这两种感官都领受了光的恩典，闪耀的光线照亮眼睛，纯洁的教训启示耳朵。从光里传来声音，叫摩西不可穿无生命的鞋上山。[42]于是，他脱去脚上的鞋，站在正闪耀着神光的地上。

21. 我想，我们的讨论不应只是泛泛谈论摩西这个人的历史，而应当注意我们所提出的那些问题。他既因看见了神的显现而得赋大能，神就命令他去解救自己的同胞脱离埃及的捆绑。为了更全面地认识神根植在他里面的力量，他用手中之物验证了神的命令。[43]这验证是这样的：他手上的杖一丢在地上，马上就活了，成了活物（其实是一条蛇）；当他重新拿在手里时，杖又变回了原样，就是未变成活物时的样子。当他将手从怀中抽出，手就长了像雪一样白的麻风，再把手放在怀中抽出，手又恢复了原先的颜色。

---

[39] 《出埃及记》3：2—5。
[40] 这一细节是不是受了《使徒行传》9：3 及 22：6 的影响呢？斐洛说，火焰的样子是"比火更明亮的闪耀之光"，《论摩西的生平》1.12.66。格列高利添加了细节，以突出神迹——Daniélou, "Moïse exemple et figure chez Grégoire de Nysse," *Moïse*, p. 273。
[41] 斐洛《论摩西的生平》1.12.65。
[42] 因为鞋是由"死皮"做成的，见第二卷注释29。
[43] 《出埃及记》4：1—7。

22. 摩西就带着他的外族妻子和他外族妻子为他所生的两个儿子下到埃及去了。㊹圣经上说,一位天使遇见摩西,想要杀死他。摩西的妻子就用儿子割礼的血来平息天使的杀意。再后,摩西又遇见了亚伦,他本人乃是神带来见摩西的。

23. 后来,摩西和亚伦将那些在埃及受劳役之苦的百姓召聚起来,组成一个共同体,四处向这些人宣告,他们要脱离捆绑,获得自由。㊺这事传到了暴君本人耳中。他听到此事,就比以前更恨督工和以色列人了。于是征用的砖头大大增加,㊻更为严厉苛刻的命令也接踵而至,不仅针对那些做和泥苦工的,还针对那些辛苦拣拾碎秸的。

24. 法老(这是对埃及暴君的称呼)企图借着术士行的邪术,来对付摩西和亚伦行的神迹。㊼当摩西在埃及人面前再次将自己的杖变成活物时,埃及人以为术士的法术也同样可以用他们的杖行奇事,然而,摩西的杖变成的蛇吃掉了术士的杖——就是那些蛇!于是,这种骗局也就曝光了。术士的杖既非防卫兵器,又无生命的权能,只是狡猾的术士用来行邪术的道具,以蒙骗那些容易上当的人。

25. 看到所有的臣民都认同他们君王的恶,同流合污,摩西就降灾到全埃及,没有一人可以幸免于难。㊽就是宇宙的几大元素——可见于万物的土、水、气、火——如同接受命令的军队,也在打击埃及人的这次行动中与他合作,并改变它们的自然作用,为人的目标服务。㊾因为在同一时间同一地点,通过同一种权能,使无法无天的人受到责罚,行为端

㊹ 《出埃及记》4:19—27。
㊺ 《出埃及记》4:29—31。
㊻ 增加征用砖的命令与《出埃及记》5:4 以下的记载并不一致。
㊼ 《出埃及记》7:10—12。斐洛《论摩西的生平》1.16.91ff.用了类似的语言。
㊽ 《出埃及记》7:17 以下。
㊾ 《所罗门智训》19 章 18 节;斐洛《论摩西的生平》1.17.96—97。参见同上 1.26.143,"土、水、气、火这些不可能脱离的自然要素也加入了攻击的行列。最奇异的是,同一元素在同一地方、同一时间带给一人的是灾难,带给另一人却是安全。"在 *Midrash Rabbah*, *Exodus* 15.27 里灾祸被比作一场军事战役。

正的人却安然无恙。

26. 摩西的命令一出，全埃及的水变成了血。(50)鱼死了，因为水变稠了。唯希伯来人打上来的是水而不是血。在希伯来人中发现这水，倒为那些术士提供了机会，他们借此行邪术，也叫水变成血。

27. 与此相似的是，大量的青蛙遮满了埃及地。(51)青蛙繁衍出这么大的数量原是不合自然规律的，但摩西的命令改变了青蛙的正常密度。全埃及都处于灾难境地，因为埃及人的家里满是青蛙，而希伯来人却免遭这种可怕的瘟疫。

28. 同样，对埃及人而言，也无白昼和黑夜之分了，他们生活在一成不变的黑暗之中。(52)然而，希伯来人的生活却一切照旧，完全正常。其他一切事也是这样——冰雹、火、疮、牛虻(53)、苍蝇并蝗虫，每一样都给埃及人带来自然灾难。(54)而希伯来人是听人报告之后，才知道邻居的不幸，因为他们自己根本没有遭受类似灾难的侵袭。

接着，长子的死使埃及人与希伯来人之间的分别更加明显。(55)失去自己至爱的孩子，埃及人悲痛万分，哀号不止，而希伯来人则依然过着安详、平静的生活。他们既“流了血”(56)，就必得救。无论是门柱，还是连接门柱的门楣，每个入口都留下了血迹。

29. 当埃及人还在对其长子的命运哀叹，每个人都在为自己以及别人所遭遇的苦难哀号哭泣时，摩西已经领着以色列人出埃及了。(57)他早就叫

---

(50) 《出埃及记》7：20—22。

(51) 《出埃及记》8：1—15。

(52) 《出埃及记》10：21—23。

(53) 希腊词里有σκινίπες；但不能确定属于哪类昆虫。

(54) 这里格列高利没有照着圣经《出埃及记》8—10章所记载的顺序描述灾难［参见Ps. 105 (D—R 104). 29—36］。在第二卷63—88节中他采用了另一种顺序。斐洛的主题安排则又是一种不同的顺序——《论摩西的生平》1.17.96—24.139。格列高利在*In Cant.* 3，Vol. 6，p. 77，8ff.（MG 44. 813B—C）中对灾难还以另一方式做了概述。

(55) 《出埃及记》11：46；12：29—31。

(56) 《希伯来书》11：28。

(57) 《出埃及记》12：35以下，15；13：17—19。

他们做好准备，以借贷为借口，随身带走埃及人的财富。(58)历史接着记载说，他们出埃及三天之后，埃及王对以色列人不再为奴大为恼怒，就发动全体臣民准备开战，然后自己带着骑兵去追赶以色列人。(59)

看见骑兵和步兵拉开战线，以色列人惊恐万分，因为他们不曾经历战争，也从未见过这种场面，于是他们就起来责备摩西。接着，历史记述了有关摩西的最奇异之事。他同时做了两件截然不同的事：一方面，他用言语鼓励以色列人，劝告他们不要放弃美好的盼望；同时在内心里，在思想中，他又替那些因害怕而胆怯的人向神祈求，希望上天有告诫引导他，告诉他如何躲避这场危险。历史记载说，神亲自垂听他无声的哀求。(60)

30. 神的大能让云柱为百姓引路。(61)这云柱绝不是通常的云，因为它不像普通的云那样由蒸汽和薄雾构成，也不是由风将空气中的蒸汽压缩成雾状混合物；这云乃是人的理智无法理解的东西。(62)圣经证实，那云柱确实有令人惊奇的地方。当正午太阳炙烤大地的时候，云柱就成为百姓避热挡暑之物，罩在他们头上，为他们投下阴影，并用薄薄的露水湿润炽热的空气。到了夜晚，它就变成火柱，以它自身的光引领以色列人前行，从日落直到日出。(63)

---

(58) 见第二卷注释126。

(59) 《出埃及记》14：5—15。关于红海的故事，参见斐洛《论摩西的生平》1.30.169—132；2.45.246—248.257。

(60) 《出埃及记》14：15，基于圣经经文没有提到摩西向神求告，只是说神“听到了他的求告”，如他在 *C. Eun.* 2.267—268 所解释的，Vol. 1. p. 304，21ff. （MG 45.1002A）；参见第二卷118节。Philo，*Quis rer. div.* 4.14。

(61) 《出埃及记》13：21—22。参见斐洛《论摩西的生平》1.29.166。

(62) 格列高利对云的样式的讨论还可见 *In Hex.* （MG 44.97D）；*C. Eun.* 1.300，Vol，1，p.115，12f. （MG 45.344B）；3.39，Vol.2，p.17，8ff. （MG45.577D）。

(63) δᾳδουχεῖν，这个词从奥秘语言借用而来，格列高利在 *In Christi res* 4 （MG 46.681B—C）用来解释火柱，与 *In Cant.* 比较，15，Vol.6，p.432，12 （MG 44.1089A）。关于基督教对奥秘术语的使用，见 A. D. Nock，*Early Gentile Christianity and its Hellenistic Background* （New York，1964 reprint），pp.30ff.，67f.，117－124，132－143；“The Vocabulary of the New Testament，” *Journal of Biblical Literature* 52 （1933）：134；“Mysterion，” *Harvard Studies in Classical Philology* 60 （1951）：201－204。参见注释74。

31. 摩西一边亲自观察云柱，一边教导百姓不要让它从视线中消失。(64)在云柱的一路引导下，他们来到了红海，埃及人率领军队从后面追上来包围了他们。以色列人不由自主地感到恐惧，因为他们陷入了敌人和大海的夹困之中。就在那时，摩西在神力的驱策下，行了最不可思议的事。只见他来到海边，用杖击打海水，海水在一击之下马上分开，正如玻璃器皿一经出现裂痕，裂口就会径直开裂到底，整个海水也如此叫杖给分开了，从海的这端一直分到对岸。摩西领着百姓下海，走在海水分开的地方，他们虽是走在海底，人却一点没湿，而且身体依然沐浴在阳光之下。当他们步行穿过红海如走干地时，尽管两边层层叠起的海水紧贴着他们，他们却并不害怕，因为大海早已在他们的左右做了墙垣。(65)

32. 当法老和埃及人从后面追来，从那条刚开的路径直下海时，水墙立即又合在一起，大海随即恢复了原状，汹涌奔腾，成了普通人所见的一片海水。(66)那时，以色列人经过漫长而艰辛的过海行军，已经到了对岸，正在休息。于是他们向神唱起胜利之歌，因为神立起了一块未沾染他们一滴血的纪念碑(67)，他使埃及人全军覆没——他们的马匹、步兵及车辆全都淹没在水里。

33. 这事之后，摩西继续前行，但一连走了三天，没有一滴水，于是他又为一大群人的饮水问题犯了愁。(68)他们在一个盐水池边安了营，但那池里的水比海水还苦。所以，他们虽然与水近在咫尺，却依然口干舌燥。这个时候，摩西遵照神的指示，找到旁边的一棵树，把它丢在水里，顷刻，水便可以喝了，因为这树借着自己的权能改变了水的性质，叫它由苦变甜。

---

(64) 《出埃及记》14：16—22。

(65) 斐洛《论摩西的生平》1.32.177—180。

(66) 《出埃及记》14：23—31。

(67) 关于 *τεόπαιον*，见 Christine Mohrmann，“A propos de deux mots controversés de la latinité chrétienne：tropaeum-nomen，” *Vig. Christ.* 8（1954）：155－173；Jean Bernardi，“Le mot τεόπαιον applique aux martyrs，” *Vig. Christ.* 8（1954）：174f.。

(68) 《出埃及记》15：22—25。

34. 云柱向前移动，以色列人紧跟向导之后。只要云柱停下来，他们就停下来休息，云柱继续领路，他们就继续前行。(69)就这样，他们到了一个有饮用水灌溉的地方。(70)那里有十二股源源不断的水泉流遍全地，有大片棕树遮盖全地。这片棕树有七十棵，从数量上虽然说不多，但凡看见的人，都对它们留下深刻的印象，因为这些树异常挺拔、高大。

35. 他们的向导，云柱又升了起来，带领他们去向另一个地方。(71)不过这次是一片干旱的旷野，那里只有烤热的沙子，没有一滴水滋润大地。于是，百姓又一次口渴难忍。但是，摩西用杖击打一块突出的磐石，磐石就流出了可口的甘泉，供应这么大的一群人还绰绰有余。

36. 也是在那里，先前为出埃及之行储备的粮草使用殆尽了，百姓受到了饥饿之困。(72)这个时候，最不可思议的奇迹发生了，粮食不是如通常那样从地里长出来，而是像露水一样从天上落下来。因为露水在黎明时分倾盆而下，落在他们身上；凡收集到露水的，露水就在他们手中变成了食物。露水落下来应是水滴，但落在他们身上的，不是水滴，而是芫籽状的、水晶般的小圆物，吃起来蜜一般的甘甜。

37. 从这一奇迹中还可以看到另一奇迹：完全可以设想，那些出去收集食物的人全是年龄不同、能力各异的人，然而，尽管他们有诸多差别，各人所收集的食物却既不比别人多，也不比别人少。事实上，收集的多少取决于每个人的需求，这样，强壮的没有得多余的食物，弱小的也不会少得其应得的那份。此外，历史还告诉我们另一奇迹。各人只准备今天的粮食，不储备翌日的粮食。即便有吝啬的人真的把当日的食物留到次日的，这食物也要生虫变臭，不能吃了。

38. 历史还指出这种食物的另一个令人惊异的特点。因为一星期七天

---

(69) 《民数记》9：15—23 补充这一观点。

(70) 《出埃及记》15：27。参见第二卷注释 153 关于斐洛的论述。

(71) 《出埃及记》17：1—7。斐洛《论摩西的生平》1.38.210—213。见第二卷注释 156。

(72) 《出埃及记》16 章是 36—38 节的基础。格列高利插入了吗哪和磐石出水的事件。关于吗哪，参见斐洛《论摩西的生平》1.35.191—37.209 及 2.47.258—262。

中的某一天要守为安息日，以遵守一种神秘的仪式。安息日的前一天，天上掉下来的食物总量与其他日子一样，人们收集食物所花的力气也与往日一样，然而最后发现，他们所收的食物总量较平日多了一倍，这样一来，人们就不能以收粮为借口破坏安息之法了。这里更为明显地体现了神的权能，因为唯有在为安息日做预备的那一天里，所储备的食物才不会腐坏，甚至看起来绝对与刚收的食物一样新鲜，而在其他日子所收的食物，多余的部分就会变臭。

39. 接着，他们与一个外邦民族发生了争战。[73]经上说那些联合起来与他们争战的是亚玛力人，以色列人第一次全副武装，整队应战。当然，并非全体以色列人都卷入了战争，他们只挑选了精兵强将投入争战。这里，摩西施展了一项新的谋略。当约书亚（他继摩西之后引领百姓）拉出队伍与亚玛力人作战时，摩西远离喧嚣的战场，来到一座山顶，举目仰望天空，左右两边各有一位朋友站岗。

40. 然后，我们从历史记载中得知以下这件奇事：当摩西将双手举向天空，那些接受他命令的以色人就战胜仇敌，但摩西一垂下双手，他们就开始在外族人的攻击下节节败退。站在摩西身边的两人看到这一点后，就在他两侧立住，托住他的双手，因为摩西的双手不知为何变得很沉重，难以上举。当两位扶持者累得不行，无法帮助摩西保持举手的姿势时，他们就搬来一块石头，让摩西坐在上面，这样就可以帮助他将双手举向天空。于是，以色列人就把外邦军队打得大败。

41. 当引导百姓行程的云柱仍然停留在原地的时候，百姓就无法前进，因为没有人带领他们出发。其时，他们不费吹灰之力就得到了生活的一切必需物。天上的空气降下早已为他们预备的饼，地上的磐石流出可以饮用的水。而那云柱更是依次缓解流浪在旷野的种种不适，白天为人遮热挡暑，夜晚发出火炬般的光，驱散黑暗。所以，以色列人在山脚

---

[73]《出埃及记》17：8—16。斐洛《论摩西的生平》1.39.214—219。

下的旷野里安营扎寨，却不曾经历什么困苦。

42. 这里摩西用一种极为神秘的启蒙方式指导他们。(74)神的权能本身借着无以言表的奇事通过以下方式启蒙百姓和他们的领袖。首先，吩咐百姓要预先自洁(75)，远离一切与心灵和肉身相关的不洁之物，并借助某些驱邪仪式来洁净自身。其次，吩咐他们在规定的天数内不可亲近女人，不可有情欲，好叫他们剔除一切情感和属肉体的顾虑，以便能靠近山（山名就叫西奈山）去接受教诲。那时，唯有人才允许靠近山，人中也唯有男人，并且是那些洁净了一切污秽的男人才允许靠近西奈山。山上采取了一切保卫和预防措施，阻止任何动物靠近。(76)倘若真的有动物出现在山上，百姓就要用石头把它打死。

43. 然后，明亮的天光暗淡下来，山被乌云笼罩，变得模糊不清。(77)黑暗中有一团火在燃烧，在人面前显现出可怕的景象。火光将山的四周团团环绕，凡人所能看见的东西都被环山之火熏烧，直冒黑烟。摩西领着百姓来到山坡，看到此景，也不免产生惧怕。事实上，摩西整个人都惊恐得发抖，他无法在以色列人面前隐藏自己内心的战兢。他确实与其他以色列人一样，对所看到的景象惊恐万分，身体颤抖不止。

44. 神此次的显现具有这样一种性质，它不仅通过以色列人的所见在他们灵魂里引起惊恐，而且通过他们的所闻使他们充满敬畏。一个可怕的响声划破天空，降临到地上的一切物上，乍听之下，刺耳无比，难以忍受。这声音听起来犹如角声，但其强度和可怕度无可比拟。随着响声

---

(74) 《出埃及记》19：10 以下。斐洛的《论摩西的生平》略去了西奈山上神显现的情节，但在《论十诫》(*De decalogo*) 11.44—49 里有论及。《论十诫》10.41 用奥秘术语描述摩西领受律法，而在《论摩西的生平》2.15.71—75 里，摩西是奥秘的祭司，引导百姓得启蒙。关于摩西领受奥秘知识，参见 Daniélou, Moïse, pp. 274f.; E. R. Goodenough, *By Light Light* (New Haven, 1935), pp. 199—234。希腊化哲学家用奥秘启蒙的术语来表述学习哲学理论。

(75) 格列高利频繁提到"污点"或"污秽"——*De inst. Chris.* Vol. 8, 1, pp. 44, 5; 48, 2; 48, 18; 64, 5; *In Cant.* 5, Vol. 6, p. 162, 8 (MG 44.877C)。

(76) 格列高利区分了理性和非理性动物，圣经经文里并没有这种区分。

(77) 关于第 43—44 节的描述参见《希伯来书》12：18—21。在 *Or. Dom.* 2 (MG 44.1137A) 他引用《希伯来书》经文，把西奈山上的摩西比作基督、新的立法者，他带来神的恩典。

渐渐靠近，音量越来越高，越来越可怕。这声音尖锐而清晰，这是空气借着神的权能不借助发音器官在说话传道。[78]这话传出来不是毫无目的的，乃是在制定神圣律条。随着声音越来越近，音量变得越来越大，而且号角超越了自身，后面的声音盖过了前面的声音。

45. 全体百姓都无法忍受所见所闻，就一致恳求摩西由他来传达律法[79]，因为他们坚信，不论摩西下什么命令，只要谨守上天的教训的，都是神圣的命令。于是，众人都下到了山脚下，只有摩西还留在山上，此时他的表现与人们预料的完全相反。就所有其他人来说，唯有当他们一起做伴时，才有信心面对可怕的事，但摩西却在独自留下之后勇气大增。由此清楚地表明，摩西最初的情绪并非出于他的本性，乃是出于对那些受惊吓之人的同情才产生的。

46. 他既是独自一人，可以说，已经脱去了百姓的畏惧，就大胆地靠近那黑暗本身，进到不可见的事物之中，于是，那些原先看着他的人再也看不见他了。他进入神圣的神秘教义的圣所内部之后[80]，虽然不能被看到，却与不可见的神同在。我想，他是借着自己的作为教训我们，人若想与神亲密相连，就必须超越一切可见的事物（提升自己的思想，到达山顶，到达不可见和不可领会者的高度），并且相信，神就在"那里"，人的智力所不可企及的地方。[81]

---

[78] 号角声音的体验（出19:19）令格列高利印象非常深刻。Aristobulus 说西奈山上的号角是"神不借任何协助"发出来的，Eusebius, *Praep. Evang.* 8.10. 参见斐洛《论十诫》9.32—35。奥利金对耶稣受洗时的神的声音也做了同样的解释——《驳克尔苏斯》(*C. Cels.*) 2.72; 6.62，见 Henry Chadwick, *Origen: Contra Celsum* (Cambridge, 1953), p.121 关于未震动的空气的注释。

[79]《出埃及记》34:29 以下显然是格列高利陈述的基础，但他并没有遵循圣经的叙述。保罗在《哥林多后书》3 章里对《出埃及记》段落的使用比较遵循圣经文本。格列高利在讨论摩西的一处原文里所强调的是中保的角色——*In inscrip. Ps.* 1.7, Vol.5, p.45, 7ff. (MG44.457B—C)。见第二卷319节。斐洛在《论摩西的生平》2.9.51—10.53 讨论立法者摩西。关于基督作为中保，见 *Ref. conf. Eun.* 142—144, Vol.2. pp.373, 16—374, 24 (MG 45.532D—533A)。关于摩西作为犹太教的中保，参见 *Ass. Mos.* 1.14。

[80] 见奥秘术语讨论，第一卷注释63 和74，第二卷注释203。

[81] 格列高利遵循斐洛的解释，认为黑暗表示神圣本质的不可领会性和它对一切概念性知识的超越性。尤其参见 *In Cant.* 6, Vol.6, p.181, 4ff. (MG 44.892C—D)。见第二卷，162 节以下及那里的注释。

47. 他在那里领受了神的诫命。⁸² 这些诫条都是关于美德的教训，主要内容就是敬畏、对神性的正确看法⁸³，因为神性超越一切可认知的思想和描述，任何已知的事物都无法与之相比拟。神吩咐他，不可将那些可以通过概念理解的东西与神相关联，也不可将超越的本性与任何可领会的事物相提并论。相反，他当相信神存在着，但不可考察他的性质、数量、起源及其存在方式，因为他原本就是不可企及的。⁸⁴

48. 圣言还界定了什么是正当的道德行为，以一般律法（总法）和特殊律法两个方面阐述了它的教训。总法就是惩戒一切不义行为的律法，即，要爱人如己。⁸⁵ 这一律法若是得到遵行，那自然就不会有人加害于人了。⁸⁶ 特殊律法则规定人当孝敬父母等等，同时罗列了各种禁忌行为。⁸⁷

49. 可以说，摩西的心灵得到了这些律条的洁净，于是他就被引向更高的境界，在那里，神的大能随即向他显明了帐幕。⁸⁸ 帐幕是一处圣所，里边备有各种各样数不胜数的美物——入口、门柱、幔子、桌子、灯台、香坛、燔祭坛、施恩座，以及不能进入也不能靠近的至圣所。⁸⁹ 神吩咐摩西不仅要用笔墨把这些事物刻写下来，而且还要用地上所能找到的最豪华、最亮丽的材料，用物质性的建筑去仿制那些非物质的造物，免

---

⁸² 《出埃及记》20:3—7。

⁸³ 关于 ὑπόληψις 和其他认知术语，见 Aubineau, SC 119: 173; Weiswurm, *Nature of Human Knowledge*, p.163。

⁸⁴ 我们知道神存在，但并不知道他是什么 (We know that God is but not what he is) ——参见 Balás, p.128. *De an. et res.* (MG 46.40C); *C. Eun.* 2.13, 71, 98, Vol.1, p.230, 26—30, p.248, 1—3, and p.255, 9—14 (MG45.916A, 933D, and 944A—B); *In Cant.* 11, Vol.6, p.335, 1 (MG 44.1009C—D); *De mort.* (MG 46.513C). 见第二卷注释208 (422). Walther Völker, "Zur Gotteslehre Gregors von Nyssa," *Vig. Chris.* 9 (1955): 103—128。

⁸⁵ 参见《利未记》19:18。关于这一段的普遍使用以及它与金律 (Golden Rule) 的关系，见 Albrecht Dihle, *Die Goldene Regel*, Studienhefte zur Altertumswissenschaft, 7 (Göttingen, 1962)。

⁸⁶ 参见《罗马书》13:10。

⁸⁷ 《出埃及记》20:12—17。

⁸⁸ 《出埃及记》25—27章教导如何建造帐幕并如何装饰。格列高利的讨论追随斐洛《论摩西的生平》2.15.74，见第二卷注释212。

⁸⁹ 《希伯来书》9:2 以下有类似的概述。

得它们的美和布局遭人遗忘，同时也可借此向山下的人显明。这些材料中，用得最多的是金，每根门柱上涂满了金。除了金之外，还在柱头和柱底涂上银。我想，这样，由于两头色彩的变化，金色就会闪耀出更加亮丽的光芒。铜也有自己的用武之地，它被用于银柱的顶端和底座。

50. 帐幕、幔子、圣所的外墙以及顶盖在柱子上依次展开——每一样东西都是由专门的材料精心编织而成的，这些织物被染成蓝色、紫色和朱红色，但某些材料仍然保留其天然的亮丽。有些织物要用捻的细麻做，有些则用羊毛做，这取决于织物的用途。为了与整体的美观相协调起见，还有些地方用染红的羊皮来做成。

51. 从山上下来之后，摩西雇了一群工匠，照着耶和华所指示的样式制造这些器具。(90)当他还在那非人手所造的圣所时，(91)神就吩咐他，祭司进入圣所应如何着装。(92)律法对内衣和外衣都做了详细的规定。

52. 照着顺序，第一件不是藏在里边、而是露在外面看得见的衣服。它就是以弗得，用金线绣制，再配上其他各种颜色（帐幕也由这些颜色织成）。(93)然后拿扣子把以弗得两边合起来，留一个金槽，镶嵌绿宝石。(94)这些宝石之所以美丽，部分是因为其天然的光泽——它们发出晶莹的绿光——部分是因为精湛的镶刻术（这不是雕刻偶像的技术，而是在每块宝石上刻上六位先祖的名字，作装饰之用）。

---

(90) 《出埃及记》25：9、40；31：1以下；35：30—38：31。

(91) 关于ἀχειροποίητος的犹太教背景及它如何被引入成为基督教词汇，见 Marcel Simon，*Saint Stephen and the Hellentists* (London，1958)，pp. 89ff.，95ff.；idem，“Retour du Christ et reconstruction du Temple dans la penseé chrétienne primitive，” in *Aux Sources de la Tradition Chretienne Mélanges Goguel* (Neuchatel-Paris，1950)，pp. 251ff.。

(92) 《出埃及记》28章。斐洛《论摩西的生平》2. 23. 109－127. 140。见第二卷注释256。对祭司服饰的详尽描绘，见 *Illustrated World of the Bible Library* (New York，1958)，Vol. 1，p. 166。详述请见 Edgar Haulotte，*Symbolique du vêtement selon la bible*，Théologie 65 (Paris，1966)，pp. 44－59，167－175。

(93) 金线在祭司衣服上是新材料，帐幕上并没有用过金线。

(94) 格列高利的叙述并不很清楚，因此在下面段落里，我们的翻译比通常加了更多的解释。格列高利用ἐπωμίδες，“肩带”代替ἐπωμίς，“以弗得”，其实前者是把后者连在一起；又用 πορπαί 表示后者。他在七十士译本中读到的“绿宝石”，在希伯来文本中是“缟玛瑙”。关于斐洛的措辞，见 *Quaest. Ex.* 2. 108 及 Ralph Marcus 的注释，*Philo Supplement* II (Leob Classical Library)，p. 157。

53. 盾形的小饰物从扣子耷拉下来，松松地挂在胸前。(95)还有精金拧成如绳的链子从两边的搭扣上挂下来，相互交叉缠绕，编成网状样子。它们一直垂到盾形装饰物的下边，我想，编成网状的链子经这样的背景一衬托，其华美就必然显得更加醒目。

54. 金制的饰物(96)从胸口垂下，上面镶嵌各种宝石，颗数与祖先的人数相等。(97)宝石镶成三个一行，共四行，上面刻有各支派的名字。内袍在以弗得里边，从脖颈一直连到脚趾，领边装饰得恰到好处，底边也点缀得非常美丽，不仅织进了各种精美的石榴图案，还悬挂着精金制成的铃铛，把铃铛钉在袍子周围底边上的石榴中间，一个铃铛一个石榴，一个铃铛一个石榴。

55. 头上的带子是纯紫罗兰（蓝色）的，这带子系在冠冕前面的叶形小牌由精金做成，上面刻有神圣不可言说的字句。(98)另外，还有腰带将衣服松散的褶层系紧，以及一件遮掩下体的饰物，至于衣服上其余的物品，都象征性地教导穿上这种衣服的祭司应有的美德。

56. 当摩西被那不可见的幽暗包围时，神用难以言喻的教训告诉他这些以及其他诸如此类的事；他又借助神秘的教义超越了自己，然后，他就从黑暗中出来，下山回到百姓那里，与他们分享神显现时向他显明的奇事，向他们传讲律法，并照着山上向他显明的样式为律法设立圣所和祭司之职。

57. 他手里拿着圣洁的法版，这法版是神的创造和恩赐，无需人的合

---

(95) 格列高利引用了《出埃及记》39：15—19（36：22－27，LXX）制作衣服的描述，加上了28章制衣教训里没有提到的细节。

(96) 这“装饰”就是杜埃（Douay，法国北部亚眠城东北一小镇，在西班牙菲利浦二世的资助下这里为英国神甫建起了天主教大学，17世纪早期译出了第一本英文本旧约全书。——中译者注）版圣经里的“理性”，是耶路撒冷版圣经里的“胸饰”。

(97) 参见 Epiphanius，*De gemmis*，Georgian 版，R. P. Blake 编辑并翻译，*Studies and Documents* 2（London，1934）。

(98) 这句话是“归耶和华为圣”，《出埃及记》28：36。

作即可成就。⁹⁹法版的材料和上面刻写的字都出于神的工作，这字就是律法。然而，百姓预先阻挠了恩典，他们没有去留意立法者，反而悖逆地陷入了偶像崇拜。¹⁰⁰

58. 当摩西在那神圣的引导中全神贯注地与神谈话时，不少的日子已经飞逝而过。他身处幽暗四十个昼夜，分享了永生，处于超本性状态，¹⁰¹因为在那段时间，他的身体不需要食物。正是在那时，百姓就像摆脱了老师管束的小孩，因无法控制的欲望而陷入了骚动，他们联合起来与亚伦作对，迫使祭司领他们走向偶像崇拜。

59. 金制偶像一造出来（是一牛犊），他们就沉溺于自己的不敬而狂喜中。然而，摩西来到他们面前，砸碎了他从神所领受的法版，叫他们因自己的悖逆行为遭受应得的惩罚，在神所赐的恩典里无分。

60. 然后，摩西让利未的子孙杀死他的这些百姓，用他们自己的血来洁净他们的罪¹⁰²，并向犯罪者发怒，借此来平息神的怒火。于是，他彻底打碎了偶像。接着又花了四十天时间，再次与神交谈，取得法版。版上的字由神的大能写成，而材料则由摩西所制。¹⁰³他花了同样的时间取得它们，而且在那期间，他同样处于超自然状态，完全不同于我们所习惯的生存方式，我们本性所必需的东西，他的身体毫无所需。

61. 相应地，摩西为他们立起帐幕，向他们传达律法，并按神赐给他的教训设置了祭司职位。一切物品上的工艺都是照着神的指示做成——帐幕、门廊以及里面的一切——香坛、燔祭台、灯台、幔子、至圣所里

---

⁹⁹ 《出埃及记》32：15 以下。
¹⁰⁰ 《出埃及记》32 章。斐洛《论摩西的生平》2.31.159—33.173。
¹⁰¹ 直译"成为本性之外的"或者"偏离本性"。参见第一卷 60 节。关于格列高利的"神秘主义"见"导论"注释 59。In *In Ascensionem* (MG 46.693A)，"游离于自身之外"这一短语用来指预言式的受感。关于"离弃身体"见 Völker, *Gregor von Nyssa*, 203f.。这里的"本性"是指人的属地状态——参见 *In S. Steph.* (MG 46.713B－C)；*De beat.*7 (MG 44.1280C)——这种意义事实上并不常常出现在格列高利作品里，他的"人"更多的是指原初状态和理想状态的人。见第二卷注释 29 关于他的人论的参考书目，以及第二卷注释 194 中类似的表述。
¹⁰² 《出埃及记》32：26—29。
¹⁰³ 《出埃及记》34：1。

的施恩座；祭司之职的装饰、没药并各种祭——洁净礼、感恩祭、防罪祭以及赎罪祭。[104]当他照着所指示的样式对一切做出安排时，他家里的人对他产生了嫉妒，这是人性固有的缺陷。

62. 即使是得了祭司之荣耀的亚伦，还有他的姐姐米利暗，都受嫉妒这种最女性化的痼疾所驱，妒忌神赐给摩西的荣耀，所以指责摩西挑唆神惩罚他们的罪过。[105]这里摩西却表现出非常令人尊敬的忍耐，因为当上帝要惩罚米利暗非理性的嫉妒时，他用自己的本性（理性）遏制自己的愤怒，还帮着自己的姐姐哀求上帝息怒。

63. 众人又陷入混乱之中。[106]导致他们犯罪的，是没有节制的饮食享乐，因为他们不满足于身体健康、无病无痛地以天上掉下的食物为食的生活，而是渴望吃肉，为此宁愿在埃及为奴，也不要眼前美好的一切。面对众人想吃肉的强烈欲望，摩西向神求问，神指示说，众人不该有这样的欲望，因为他们所求的，他都会赐给。于是，神打发了一群鸟，鸟群黑压压犹如一团云，飞到营房边的地上。由于众人都能轻而易举地抓到鸟，出于对肉食的欲望，他们开始毫无节制地大吃。

64. 这种放纵立即使他们的身体受到了损害，暴饮暴食的结果是生病、死去。这个例子足以教训他们以及那些看着他们的旁观者要守节制。

65. 接着，摩西照着神的应许打发探子到他们要照着神的应许居住的地方去。[107]然而，这些探子并非全都报告了实情，有些探子提供了错误而令人沮丧的信息，所以百姓再次对摩西发怒了。神就规定，那些对神助全无信心的人，不得见所应许之地。

66. 当他们穿越旷野时，再次遇到缺水问题——就如他们缺乏对神圣

---

[104] 《出埃及记》36：8—40：31，特别注意39：43和40：14。
[105] 《民数记》12：1—15。
[106] 《民数记》11：4—34。格列高利对《民数记》里材料的使用没有按照圣经顺序。
[107] 《民数记》13—14章。斐洛《论摩西的生平》1.40.220—42.236。

权能的记忆一样(108)，因为早先磐石出水的神迹(109)并没有使他们产生信心，相信这一次神也必满足他们眼前的需要。于是，他们放弃对佳美之事的盼望，谩骂攻击摩西并神本身。百姓的不信甚至吓着了摩西，然而，他还是再次为他们行了神迹，将突出的磐石(110)变成泉水。

67. 他们再次沉迷于口腹之乐，不能自拔，他们的欲望导致他们暴饮暴食。尽管生活无忧，但迷茫的年轻人却梦想像埃及人那样富有，因而受到了严厉的惩罚：被营房里的毒蛇咬死。(111)

68. 毒蛇咬死人的事件频频发生之后，立法者就照着神的旨意，用铜铸了一条蛇，放在高处，让全营人都看见。就这样，他解除了毒蛇在百姓中的危害，使他们免遭灭顶之灾。因为凡是仰望这铜蛇的，就不怕被真蛇咬，只要一望这铜蛇，就得到某种神秘的解药，解了真蛇的毒。

69. 百姓中的一些人又起来反对摩西的领导，迫使摩西向他们移交祭司之职。(112)虽然摩西替这些悖逆者向神求情，但神正义的审判胜过摩西对他百姓的怜悯。于是，大地照着神的旨意峡谷般地裂开，随后又合上，把那些起来攻击摩西权威的人，连同他们的所有家眷都吞了下去。直到大火烧死了他们中二百五十个对祭司之职胡言乱语的人，百姓才开始头脑清醒过来。

70. 为叫人们相信祭司的恩典是神赐给那些配得之人的，摩西从每个

---

(108) 《民数记》20：2—3。

(109) 见第一卷35节。

(110) 这一事件已经是旧约的一个传统；关于措辞参见《申命记》8：15；《诗篇》113：8；《所罗门智训》11章4节；Philo，*Leg. Alleg.* 2.21，84。关于“突出”或“高耸”的磐石，注意在早期基督教艺术的代表作品中，磐石往往被画成陡峭的悬崖。事实上，早期基督教艺术描绘摩西生平事件的作品，非常普遍的特点就是突出的磐石。关于再现，见 *Dictionnaire d'archéologie chrétienne et de liturgie* 11，col. 1661ff.；C. F. Rogers，“Baptism and Christian Archaeology，” *Studia Biblica et Ecclesiastica* 5（1903）：247－253。参见 J. Leroy，“Images de Moïse dans la tradition juive et chrétienne，” *Moïse*，pp. 363f.。基督教文献中普遍提到这一事件——Justin，*Dial.* 131；Tert.，*De bapt.* 9；Ps. Clem.，*Recog.* 1.35；*Didas.* 26.50（Connolly，p. 220）；Eusebius，*H. E.* 7.21.5；Jerome，*Brev. In Ps.* 77。另外可见第二卷注释156及381。

(111) 《民数记》21：6—9。参见《哥林多前书》10：9以下。Philo，*Leg. alleg.* 2.19.76－78把这一段落里的蛇比作享乐。

(112) 《民数记》16章。斐洛《论摩西的生平》2.50.280—285。

支派的最杰出者即首领手里接过刻有他本人名字的一根杖。⑬亚伦的杖也在其中。摩西将这些杖放在圣所前，借此向百姓显明神要拣选谁做祭司。结果唯有亚伦的杖发了芽，并在上面结了熟果——这果子就是杏子。

71. 在不信者看来，这似乎是件大奇事。种植的果树结出果子，这是自然之法，但这干巴巴、光秃秃且没有根系的木头上，竟然霎时间就结出了果子，这岂非奇迹。使这木头结出果子的，不是泥土、茎皮、水汽和时间，乃是神的大能。

72. 此后，他领着百姓经过外邦人的地盘，发誓说，他的百姓不走田间和葡萄园，只走大道，不偏左右。⑭如果对方拒绝这些条件，对以色列人发动攻击，摩西就把仇敌一举歼灭，一路上长驱直入。

73. 然后，有个叫巴勒的人，当时统治着称为米甸的大国，对那些被灭之国的经历感到胆战心惊，预计自己也要从以色列人之手遭受同样的灾难，但他不是求助于武器和军队，而是派人到某个叫巴兰的人那里去求法术。⑮巴兰被公认为精通法术，那些雇用他的人都相信他在这类事上有大能。他通过对飞鸟的观察进行占卜⑯，不过，他也是个很难对付的人，因为他可以凭借这种法力，招来鬼灵的协助，⑰使人彻底毁灭。

74. 他跟着那些人被领去见那国的王，此时他的那头驴开口说话了，他便知道这路于他是不吉的。他在一个异象中了解到将要发生的事，于是明白对那些得到神帮助的人而言，借助法术并不能叫他们受到任何伤

---

⑬ 《民数记》17 章。斐洛《论摩西的生平》2.33.178—34.186。

⑭ 《民数记》20：14—22，尤其是第 17 节。格列高利浓缩故事，歪曲了圣经的叙述。这场争战在《民数记》21：21—25，因类似的要求与亚摩利人的王西宏开战。过以东的段落在斐洛《论摩西的生平》1.43.239—44.249；与西宏的争战在 1.47.258—262。

⑮ 《民数记》22：2 以下。斐洛对巴兰和巴拉克的讨论在《论摩西的生平》1.48.263—52.291。

⑯ 占卜属于预言的“人为”类型，见西塞罗《论占卜》(*De divinatione*) I，72—92。参见斐洛《论摩西的生平》1.51.282 及第二卷 293 节。

⑰ 把巫师的能力归于鬼灵不是圣经里的叙述，不过是古代基督教的一个普遍话题。见 Daniélou，“Demon，” *Dictionnaire de spiritualité* 3：153－160。

害。他受圣灵感动，而不是被魔力驱动，说了一席话，这席话是对将来要发生之好事的清晰预言。那阻止他利用自己的技能行恶的，也叫他认识了神的大能。于是他放弃占卜，担当起诠释神圣旨意的职责。[118]

75. 后来这外邦被灭。以色列人虽然在争战中占据上风，但他们反过来被自己的淫欲控制，开始迷恋那些女俘。[119]当非尼哈（Phineas）用枪将那些陷入耻辱的人刺穿，神对那些鼓吹非法结合的人的怒火才得以平息。然后，立法者登上一座高山，从远处眺望神向列祖应许要为以色列预备的那地。[120]最后，摩西离开了人世，既没有在世上留下什么记号，也没有建造可供人们纪念的坟墓。[121]

76. 岁月没有减损他的俊美，他明亮的眼睛没有暗淡，优雅的外表也没有逊色。[122]他的肉身可变，但他的美永驻，始终如一。[123]

77. 我们简单地回顾了从摩西这个人的真实历史记载中所了解的那些事，当然我们不可避免地对叙述做了一些补充解释，以便引出其中的意义。现在，我们必须将我们所回顾的摩西的生平与我们所提出的学习目标联系起来，以便从这样的事迹中获得有益于美德生活的东西。下面我们就开始解释摩西的生活。

---

[118] 《民数记》24: 2 以下。
[119] 《民数记》25 章。关于击败米甸人见 31 章。斐洛《论摩西的生平》1.53.292—258、318。
[120] 《申命记》34 章。
[121] In laud. frat. Bas. （MG46.813A）也有注释。
[122] Simonides, Frg. 4, 5 (Bergk; 26, 5 Page)。
[123] 参见 In inscrip. Ps. 1.7, Vol. 5. p.45, 2—4 (MG 44.457B)。

第二卷 | 对摩西生平的沉思

出生与孩提时代

1. 摩西出生的时候,正是法老发布命令,要杀死所有男婴的时候。①我们怎么能把摩西这种出于偶然的出生事件作为选择的事件来效仿呢?有人会提出异议说,我们在自己的出生上不可能效仿那种著名的出生,这不是我们力所能及的事,这话一点没错。但是,把这看起来很难的事作为效仿的开端并非真的很难。

2. 每个人都知道,处在一个变化的世界里的万事万物,不可能保持不变,总是要从一种状态变为另一种状态,而变化总是使事物走向更好或者更坏。②这一故事我们必须从它的真实意图上去理解。因为当人性堕落的时候所表现的肉体和情感特征就是女性的生命形式,其出生乃是暴君所喜爱的。而美德的庄严和深刻乃是男性的出生,那是暴君所仇恨的,并被怀疑要起来推翻他的统治。③

3. 我们知道,凡是可变的事物在一定意义上总是生成的。④在可变的本性中,不可能遵守什么同一的东西。出生的含义就是不断地经历变化,这种意义上的出生不是外在动力推动的结果,如身体的出生那样偶

---

① 《出埃及记》1:16。
② 格列高利参考希腊的流变观念;见第一卷注释18。他常常强调,人类总是变化不居的——*De virg.* 6, Vol. 8, 1, pp. 280−281 (MG 352A−D); *Or. cat.* 21 (MG 45.60A−B); *De op. hom.* 16 (MG 44.184C)。我们本性的这种变动被格列高利用来表明"借着良善的增长,始终向更善变化"是可能的——*In Cant.* 6, Vol. 6, p. 174, 8−9 (MG 44.885D);参见 *De perf.* Vol. 8, 1, p. 212, 17−214, 6 (MG 46.285A−D),我们本性的可变性成为我们飞向更高之事的翅膀。B. D. Jackson 的文章 "Sources of Origen's Doctrine of Freedom," *Church History* 35 (March 1966): 13−23 提到柏拉图的某些理论,尤其是《法律篇》903d。
③ 对男孩和女孩出生的解释可见 Philo, *Quaest. Ex.* 1.7−8; *Leg. alleg.* 3.1.3;参见 3.87.243 及 Origen *In Ex. hom.* 2.1−3。
④ Aristotle, *De generatione et corruptione*.

然发生。这样的出生是选择而来的。⑤在一定意义上，我们就是自己的父母照着我们的愿望，借着我们自己的自由选择，造就我们自己，或男或女；不是按着美德的教训塑造自己，就是按着邪恶的教训塑造自己。⑥

4. 我们完全可以经由一次美好的出生⑦进入光的世界，无论暴君如何不愿意，如何恼怒；我们可以显得喜乐无比，从这美好子女的父母得赐生命，尽管这与暴君的意图相悖。（那成为"美德之父母"的，就是理性官能。⑧）

5. 我们一旦把历史的隐蔽意义⑨揭示出来，就可以看到，圣经是在教导，使暴君烦恼的出生其实就是美德生活的开端。我要讨论的出生乃是指，自由意志在其中担当接生婆角色，把孩子从剧痛中引导出来的那种出生。人若不在自身中展示出那些能证明他必定胜过对手的记号，就不可能使对手感到愁烦。

6. 自由意志的作用在于，既要生下这种有美德的男孩，并用适当的食物喂养他，也要预先想好如何救他完好地脱离水面。因为有些人在将自己的孩子呈现给暴君的时候，毫无先见之明，把他们赤身露体地交给河流。我是说生活就如一条河流，情欲的波涛使他动荡不安，凡落到河

---

⑤ 自由意志（在翻译"προαίρεσις"时，"选择"和"自由意志"两个词都用）对格列高利灵性思想的重要性已经由耶格尔做出说明（*Two Rediscovered Works*, pp. 85—107）；参见 J. T. Muckle, "The Doctrine of St. Gregory of Nyssa on Man as the Image of God," *Mediaeval Studies* 7 (1945): 66—69; Harold Fredrik Cherniss, *The Platonism of Gregory of Nyssa* (Berkeley, 1930), pp. 52f.。参见 "We can arrive without difficulty at whatever we wish by our thoughts" — *De prof. Chris.*, Vol. 8, 1, p. 140, 9f. (MG 46.248C—D)。

⑥ 把出生用于美德的培养见 Philo, *Leg. alleg.* 3. 63. 180; *Cher.* 12. 42—15. 52; *De Abrah.* 20. 99—101；也见于 Hermetica (Festugière, *La révélation d'Hermes*, 2. pp. 550f.)；亚里士多德《尼各马科伦理学》4.7 有人自愿生成的思想。还可见 Origen, *In Num. hom.* 20. 2。格列高利常常提出这一观点——*In Eccl.* 6, Vol. 5, p. 380, 3ff. (MG 44.701D); *Or. cat.* 39 (MG 45.97D)。

⑦ 见第一卷注释 29。

⑧ "λογισμοί" 的支配性是全书贯穿始终的主题。这个词在格列高利那里通常是指"理性官能"（rational faculties）的意思，但在第二卷 16 节，指的是哲学上的推理。关于这个词在哲学上的使用见 Albinus, *Eisag.* 6 (p. 150, 27 Hermann); Athenagoras, *Embassy* 8. 1; 9, 1; 也见于 Philo, *De vita contemplativa* 5, 40; *Quis rer. div.* 53. 265ff.。

⑨ 关于希腊寓言家（allegorists）对"αἴνιγμα"的使用，见 R. M. Grant, *The Letter and the Spirit*, pp. 120f.。

里的，都被浸入水中淹没。⑩

7. 无论何时，只要生活要求清醒而有远见的理性思想——就是男孩的父母——把他们的好孩子放在此生的波涛之中，他们就让他安全地待在箱子里，这样，即使把他交给了河流，他也不会被淹没。⑪这箱子是由各种木材制造而成的，而这些材料应该就是各种不同学科的教育，能保证它所承载的这个孩子始终保持在生活的波涛之上。

8. 这孩子虽然出生在汹涌的波涛之中，却没有被滚滚的波浪远远地带离有教育的地方。相反，他被冲到了岸边，水的推动很自然地把他推到了坚固的河岸，也就是说，到了生活的旋涡之外。

9. 经验告诉我们，生活就是动荡不安、起伏不定的运动，它把那些没有完全淹没在人事骗局之中的人推离自己，把那些有恼人美德的人看做是无用的负担。凡脱离这些事的人，必效仿摩西，即使身处安全的方舟，也不会吝啬眼泪，因为眼泪是那些因美德而得救的人可靠的守护者。

10. 国王的女儿虽然膝下无子，不能生育（我想可以把她理解为世俗的哲学），但圣经安排她领养这个婴儿，得称为母⑫，由此圣经认可他与错认为是其母的人⑬的关系，在他还未认识到自己的幼稚之前，不应当拒斥这种关系。但是人若已经长大成人，如我们所知道的摩西那样，就必然会因为被称为天生不育之人的儿子而羞愧。

11. 真正的不育者乃是世俗的教育，这种教育终日劳苦，却从不生育。⑭

---

⑩ Maximus of Tyre，*Dissert.* 40.5；Marcus Aurelius 5.23；Methodius，*Symp.* 2.
⑪ 《出埃及记》2：3。这是斐洛的注释类型。在另一处——*In bapt. Christi*（MG 46.589C－D）——格列高利遵循奥利金的观点（*In Ex. hom.* 2.4），对此段落做出洗礼上的解释。
⑫ 《出埃及记》2：10 只提到领养。"历史"部分第一卷 17 节说领养是出于公主的好意；因不育而领养这是犹太传统的一部分——Artapan in Eusebius，*Praep. Evang.* 9.29；参见斐洛《论摩西的生平》1.4.13。关于ἔξωθεν，见第一卷注释 33。奥利金把法老的女儿解释为外邦人的教会（*In Ex hom.* 2.4）。这里如我们常常看到的，格列高利采纳了一种特定的释经传统，但他按自己的方式使用。
⑬ 见普鲁塔克（Plutarch）*Mor.* 479E。
⑭ 关于这个比喻，斐洛把"无知和缺乏教养"比作"灵魂上的无子和贫瘠"（*Quaest. Ex.* 2.19）。《以赛亚书》26：18 可能是这一比喻的源头。

试想，哲学经历如此长期的劳苦，但它结出了与这种痛苦相匹配的果子吗？凡是满怀着风，从未长到足月的，岂不都在未得到神的知识之光前就流产失败的？⑮尽管他们只要不是完全藏在贫瘠智慧的肚腹里，就能照样变成人。

12. 他与埃及公主长期一起生活，似乎也分享了皇室的荣耀，但是最终他必须回到生母的身边去。⑯事实上，他与生母一直就没有分开过，因为他虽由公主抚养，却如历史所记载的⑰，由生母的奶喂大。在我看来，这就是教导我们，即使我们在受教育过程中必须接受世俗教训，但我们的成长也不可离开教会的奶的滋养⑱，教会的奶就是教会的律法和习俗。灵魂借着这些律法和习俗的滋养才能成熟，从而得着升到高处的路。

13. 没错，人若是既指望世俗教义，又指望列祖教义，就会发现自己两面受敌，确实如此。⑲因为外邦人在崇拜上是与希伯来人的教训相悖的，并且他们争强好胜，企图显得比以色列人更加强大。所以，人若是抛弃自己祖先的信仰，站到仇敌一边去争战，成为列祖教训的悖逆者，那么在许多人看来，他就会显得更为肤浅。相反，凡是在灵魂上如摩西一样伟大而高贵的人，就要亲手杀死那些起来反对真信仰的人。⑳

14. 另外，你可以发现，我们中间也存在着同样的争斗，因为人被置于争竞的双方面前，作为它们争战的奖赏；人就使自己所支持的一方成

---

⑮ 斐洛 Leg. alleg. 1. 24. 75－76 有同样的比喻。见 *In inscrip. Ps.* 2. 15，Vol. 5，p. 164，4ff. （MG 44. 596A－B）；*Or. in laud. Greg. Thaum.* （MG 46. 901A）。关于《神谱学》，见第二卷注释 174。

⑯ 同样的对比见 Philo，Leg. alleg. 3. 87. 244－245。

⑰ 《出埃及记》2：7—9。

⑱ 格列高利在 *In laud. frat. Bas.* （MG 46. 809A）提出这一象征论。关于教会如母亲见 Joseph C. Plumpe，*Mater Ecclesia* （Washington，1943）。关于奶就是教会的教训，见 Clement Alexandria，*Paed.* 1. 6. 42。克莱门特说教会如童贞母亲，自己没有奶，所以必然只提供道作为属灵的奶。

⑲ 注意这种将教会的"列祖"与"教外"（世俗）的列祖对比的观点。见第一卷注释 5。

⑳ Philo，*Let. alleg.* 3. 12. 37－38；*Fug.* 26. 148。格列高利用的是"$\varepsilon\dot{v}\sigma\dot{\epsilon}\beta\epsilon\iota\alpha$"，参见注释 62。

为战胜另一方的得胜者。㉑埃及人与希伯来人之间的争战,就如同偶像崇拜与真正信仰、放荡与自制、不义与公义、傲慢与谦卑,以及一切相互对立的事物之间的争战。㉒

15. 摩西以其自身的榜样教导我们,要站在美德一方,就如站在同胞一方,去杀死美德的仇敌。真信仰的胜利就是偶像崇拜的消亡和毁灭。同样,不义要被公义杀死,谦卑要灭掉傲慢。

16. 我们中间也会发生两个以色列人相互争论的情况。若不是错误的推论阻挡了真理,邪恶的异端思想绝不可能有机会滋生。所以,如果我们自己的力量太弱,不足以叫公义取胜,因为邪恶的攻击力更为强大,并且拒斥真理的法则,那么我们必须尽快(照着历史上的例子)逃离这场冲突,去寻求更大、更高的奥秘教训。

17. 如果我们还得与外邦人同住,也就是说,情势要求我们与世俗智慧联合,我们就应下定决心把罪恶的牧羊人赶走,不让他们不义地使用水井——这意味着我们要谴责邪恶教师对教育的恶意使用。

18. 同样,我们要过独居的生活,㉓不再与仇敌纠缠不清,也不再做他们之间的中保,相反,我们要住在那些由我们喂养与我们有同样性情的人中间,同时我们灵魂的一切活动,就像羊一样,㉔被引导理性的旨意来看管。㉕

㉑ "显现在两种生活之间的人如同两者之间的中保,要毁灭低级生命,使纯洁生命得胜"——*In Cant.* 12, Vol. 6, p. 351, 6 (MG 44. 1021D),参见 p. 334, 15ff. (MG 44. 1017B)。*De perf.*, Vol. 8, 1. p. 180, 9 – 22 (MG 46. 257C – D) 与这一段非常相似。*In laud. frat. Bas.* (MG 46. 809A – B) 把摩西杀埃及人解释为灵战胜肉体。

㉒ 见第一卷 5 节。参见 Philo, *Quaest. Ex.* 2. 17。

㉓ 巴西尔把米甸故事应用于他在雅典学习之后的归隐——*Comm. in Isa.*, Proem. (MG 30. 129A),格列高利也提到这一事件——*In laud. frat. Bas* (MG 46. 809B – C);参见 *In inscrip. Ps.* 1. 7, Vol. 5, pp. 43, 26 – 44, 3 (MG 44. 456C)。

㉔ 心灵如牧羊的比喻见于 Philo, *Sacr.* 10. 45 (斐洛在《论摩西的生平》1. 11. 60 认为,摩西做牧羊人的经历是为做王打下的训练基础——亚历山大的克莱门特 *Strom.* 1. 23 继承这一观点) 和 Origen, *Hom. Jer.* 5. 6,他们认为灵魂的非理性活动就是羊,基督则是好牧人。伯利恒的牧羊人表示同样的意象 (*In diem nat. Christi*)。就是与野兽也要和睦相处,这在基督教修道院生活中是非常显著的;乔治·威廉 (George Williams) 对这一主题做了全面考察,*Wilderness and Paradise in Christian Thought* (New York, 1962)。

㉕ *Nous* 居支配地位,这是柏拉图主义的观点,但这里借用斯多葛主义的"leading"观念对之做了修正。

燃烧的荆棘

19. 真理要光照的正是我们这些一直过着安宁、和平生活的人，它用自身的光照亮我们心灵的双眼。这真理就是神，是那时候通过临到摩西的不可言谕的神秘启示显现出来的。

20. 若说照亮这位先知灵魂的火焰是从多刺的荆棘丛中点燃的，就是这一事实对我们的探究也绝不会毫无用处。㉖因为既然真理就是神，真理就是光——福音书借着这些庄严而神圣的名字来证实那使自己成为肉身，向我们显现出来的神㉗——那么这种美德指导就引导我们认识那照射下来，甚至临到了人性的光。这光不是从众星中的某一发光体发出，而是从地上的一丛荆棘中发出，并且亮度超过了天上发光体所发出的光，免得有人认为这光线不是来自某种物质实体。

21. 由此，我们也知道了童贞女的奥秘：神性的光通过生育从她照射到人的生命，却没有燃尽烧着的荆棘，正如她的童贞之花并没有因生育

㉖ 《出埃及记》3：2—3 里的希伯来词是指多刺的荆棘；参见斐洛《论摩西的生平》1.12.65；Clement Alexandria, *Paed*. 2.8.75。在犹太教里，燃烧的荆棘象征以色列，刺代表以色列的苦难——R. Bloch, *Moïse*, p.103（参见 *Midrash Rabbah*, 《出埃及记》2；5 和斐洛《论摩西的生平》1.12.67）。（关于刺作为罪的符号，见第二卷注释 118。Hippolytus, *Ben. Mos.* (PO 27, pp.172f.) 认为，神"在教会里与圣徒说话就如在荆棘里说话"；对希拉利来说也如此（*Tract. Mys.* 1.30），荆棘就是受逼迫但未毁灭的教会。在七十士译本圣经和对希伯来经文"耶和华的使者"的希腊化的犹太解释中，燃烧的荆棘是某个天使的显现，不是神本身的显现（斐洛《论摩西的生平》1.12.66；Eusebius, *Praep. Evang.* 9.29）。这种对使者与神本身的区分也见于 Justin, *Dial*. 59.2；Clement Alexandria, *Prot*. 1.8.3；*Paed*. 2.8.75，Irenaeus, *Adv. Haer*. 4.20.1。这为格列高利对道成肉身的解释做好了预备——见下一注。

㉗ 《约翰福音》8：12 及 14：6。应当注意道成肉身对格列高利的重要性。在 *De perf*. Vol.8, 1, p.206, 18f. (MG 46.280B—C)，多刺的荆棘也被解释为道成肉身。格列高利在本作品中使用的许多关于道成肉身和童女生育的预表出现在拜占庭仪式（Byzantine rite）中——Jean Blanc, "La fete de Moïse dans le rite byzantin," *Moïse*, pp.345—353。*Adv. Apoll. ad Theoph*. (MG 45.1273B—C) 似乎是说，如果每个人都像摩西那样是伟大的沉思者，那就不需要道成肉身了，但 *In Cant*. 8, Vol.6, pp.255f. (MG 44.948D—949A) 里对道成肉身显现神的多重智慧有更为肯定的评价——参见 A. H. Armstrong, "Platonic Elements in St. Gregory of Nyssa's Doctrine of Man," *Dominican Studies* 1 (April 1948)：119ff.。

而枯萎一样。㉘

22. 那光教导我们必须怎样做才能立在真光的照耀之下：穿鞋的脚无法爬到可见真理之光的高处，那死的、属地的皮制覆盖物，从起初之时，我们因背弃神圣旨意而被发现赤身露体之时，就被置于我们的本性周围，必须把它从灵魂的脚上除去。㉙我们一旦这样做了，真理的

㉘ 格列高利显然是第一个认为荆棘象征着马利亚的童贞未因生育耶稣而受影响的人。关于燃烧的荆棘是"童贞女的奥秘"，亦见 In diem nat. Christi (MG 46.1136B－C) 以及 Cyril of Alexandria, Adv. anthropom. 26 (MG 76.1129A)。

㉙ 格列高利暗指《创世记》3：21 里"皮子做的衣服"，这在他的教训里有重要地位。参见"割礼意味着脱掉我们因悖逆丧失超然生命之后所穿上的死皮," De beat. 8. (MG 44.1292B)。格列高利提到"皮子做的衣服"的地方有 In Inscrip. Ps. 1. 7, Vol. 5. p. 44, 3－5 (MG 44.456C); Or. cat. 8 (MG45.33C－D); De virg. 12 and 13, Vol. 8.1, pp. 302, 9f. and 303, 15 (MG 46.373D, 376B); De an. et res. (MG 46.148C－149A); De mort. (MG46.524D); De Mel. epis. (MG 46.861B); In Cant. 11, Vol. 6, pp. 327, 14f.; 329, 17f. (MG 44.1004D, 1005C)。最后一段之后不久，格列高利对脱鞋做出洗礼的解释 (P. 331, 4, MG 1008A), 参见 Daniélou, Platonisme... pp. 27－31。进一步见注释260。"置于我们的本性周围"对格列高利的人类学很重要——真我是不同于肉身存在的东西。人性由许多必须去除的层次构成，这种去除是一个持续不断的过程 (In Cant. 12, Vol. 6, p. 360, 5－14 [MG44.1029C－C])。从这几个段落看，显然，"皮子做的衣服"并不是身体存在本身，因为人在乐园时就已有身体，而是指动物性或者生物性的存在。衣服包括情绪、性欲、乃至必死性，尤其是必死性。衣服也附加给按着神的形象造的人性的。《创世记》3：21 对格列高利之所以重要，部分原因在于新柏拉图主义者用"χιτών"来表示身体。参见普洛克罗 (Proclus)《神学要义》(Elements of Theology) 209; 普罗提诺《九章集》1.6.7。见 E. R. Dodds, Proclus: The Elements of Theology (Oxford, 1962), p. 307, 关于这一术语的奥菲士—毕达哥拉斯 (Orphic-Pythagorean) 源头以及瓦伦廷的诺斯替主义者对它的使用。J. Quasten, "A Pythagorean Idea in Jerome," Am. J. of Philol. 63 (1942); 207－215 表明动物的皮原是死的记号。亦见 A. H. Armstrong, "Platonic Elements in St. Gregory of Nyssa's Doctrine of Man," Dominican Studies 1 (April 1948); 123－125。关于格列高利的人论，尤其是与皮做的衣服有关的论述，进一步参见 Ladner, "The Philosophical Anthropology of Saint Gregory of Nyssa," DOP 12 (1958); 88ff., Daniélou, Platonisme... pp. 56－60，等等。"La colombe et la ténèbre dans la mystique byzantine ancienne," Eranos Jahrbuch 23 (1954); 390ff.; idem, Glory to Glory, pp. 11－14; J. T. Muckle, "The Doctrine of St. Gregory of Nyssa on Man as the Image of God," Mediaeval Studies 7 (1945); 55－84; R. Leys, L'image de Dieu chez Saint Grégoire de Nysse (Paris, 1951); F. Hilt, Des bl. Gregors von Nyssa Lebre vom Menschen systematisch dargestellt (Köln, 1890); W. Völker, Gregor von Nyssa als Mystiker, pp. 57－74; R. Gillet, "L'homme divinisateur cosmique dans la pensée de saint Grégoire de Nysse," Studia Patristica 6 (1962); 62－83。

《创世记》3：21 有各种不同的解释。奥利金在 Sel. in Gen. 42 (MG 12.101A－B; Lommatsch 8, p.58) 提到三种解释，每一种他都找到反对意见：(1) 字面解释与神不相配；(2) 考虑到《创世记》2：23，说衣服就是身体证据不足，也不正确；(3) 如果衣服就是死亡，那么为何是神而不是罪做了衣服，而这种解释岂不要求承认罪还未进入世界之前，肉身和血气原是不朽坏的？拉比们从字面意义上理解经文。斐洛 (Quaest. Gen. 1.53) 和诺斯替主义 (Irenaeus, Adv. haer. 1.1.10－Harvey, 1, pp. 49－50; Clement Alexandria, Strom. 3.14.95; Exc. ex Theod. 55.1; Tert. De res. mort. 7) 认为经文是指带着现实身体的人的衣服。Methodius (De res. 1.4.2; 1, 23.3)，伊比芬尼 (Jerome, Ep. 51.4, 5) 和狄奥多勒 (Quaest. in Gen. 39) 把这种解释归因于奥利金。但是在有些段落里，奥利金认为衣服是必死性的象征——C. Cels. 4.40; Comm. Jno. 6.42; In Lev. hom. 6, 参见柏拉图《斐德罗篇》246b－c。见 LeMoine G. Lewis, The Commentary: Jewish and Pagan Background of Origen's Commentaries with Emphasis on the Commentary on Genesis (Ph. D. diss., Harvard University, 1958), pp. 161ff.。 Methodius 也说它们是出于非理性本性的必死性 (De res. 1.39); 参见纳西盎的格列高利《神学讲演录》(Or.) 38.12 和 Asterius, Hom. XXII In Ps. XI, Hom. III (Richard, p. 173)。

知识㉚就必产生，并自我显明。㉛关于存有（being）的完备知识，是通过洁净我们关于非存有（nonbeing）的看法而产生的。

23. 在我看来，真理的定义是这样的：不要对存有产生错误的理解。谬误是在领会非存有时所产生的一种印象，似乎那并不存在的东西实际上是存在的。而真理则是对真实存有的确定领会。㉜所以，凡是长期平静地专注于更高的哲学问题的人，必能完全领会什么是真实的存有，那就是在自己的本性中拥有存在的事物，㉝也知道什么是非存有，那就是只拥有表面上的存在，没有自我存在性的事物。㉞

24. 在我看来，伟大的摩西在神的显现中接受指示的时候，逐渐认识到，那些通过感觉（sense）了解，通过智力思考的事物，没有一样是真正存在的（subsist），唯有超越性的本质和宇宙的原因，就是一切事物所依靠的本源，才是存在的。㉟

25. 即使智性面向其他的存在物，理性也完全看不到它们中有哪个是

㉚ "真理的知识"是得救之路，*De inst. Christ.* Vol. 8, 1, p. 41, 3。

㉛ 从这个句子到 25 节这段话受到 Balás 的赞赏，pp. 100—120。整段话包含了对格列高利来说至关重要的术语。

㉜ 新柏拉图主义用法（普罗提诺《九章集》3.6.6）和把燃烧的荆棘解释为道成肉身的背景表明，格列高利用"真存有"来指神格（Godhead）的第二位格（hypostasis）。这里及以下的陈述清楚地表明耶稣基督的完全神性，格列高利在《驳优诺米乌》（*Contra Eunomium*）里为此奋力论证。

㉝ τὸ ὄν, ὅτῃ αὑτοῦ φύσει τὸ εἶναι ἔχει 这一公式显然受到亚里士多德《形而上学》XII, 6; 1071b, 19—20 的启发。参见 J. Gross, *La divinisation du chrétien d'après les péres grecs* (Paris, 1938), p. 220, n. 1; Endre von Ivánka, "Vom Platonismus zur Theorie der Mystik," *Scholastik* 11 (1936): 163—195。

㉞ 本文中有不少例子说明这些定义，*horismoi* (e. g. II, 281, 306), a "Platonic" feature (*Sophist* 260c)。关于格列高利的认识论，见 Weiswurm, *Nature of Human Knowledge*, 尤其是 pp. 77ff. 论真理和确定性的部分。亦参见 Cherniss, *op. cit.*, p. 50 及他为讨论真理和谬误所参考的柏拉图作品。

㉟ 《出埃及记》3∶14（七十士译本）为格列高利的思想提供了本体论基础。把神界定为"ὁ ὄντως ὤν"在格列高利笔下是相当频繁的——见 Balás, p. 108 的参考书目。柏拉图《蒂迈欧篇》38c;《斐多篇》247d;《智者篇》260c。《出埃及记》3∶14 在基督教哲学的发展中是基础性的经文——Etienne Gilson, *The Spirit of Medieval Philosophy* (London, 1936), chap. 3。我们发现它被用于 Justin, *Apol.* 1. 63; Athenagoras, *Leg.* 4. 5; Irenaeus, *Adv. haer.* 3. 6. 2; Clement Alexandria, *Prot.* 6. 69; *Paed.* 1. 8. 71; Origen, *De princ.* 1. 3. 6。注意斐洛《论摩西的生平》1. 14. 75∶"首先告诉他们我是自有永有的（I am He who is），好叫他们明白存有（what is）与非存有（what is not）之间的区别，也进一步知道，根本没有哪个名称适用于我，因为唯有存在是属于我的。"

自足的，否则，它们无需分有真存有就能存在。㊱另一方面，那始终同一的，既不增大，也不缩小，永恒不变，既不变好，也不变坏（因为它根本没有低级形态，也没有高级形态），不需要他物，唯有它是他物所渴求的，为万物所分有，但并不因它们的分有而有所减损——这就是真正的真存有。而对它的领会就是真理的知识。㊲

26. 摩西在那时怎样获得这种知识，如今，凡是像他一样的人也怎样获得这种知识，脱去自己属世的外衣，仰望从多刺的荆棘中发出的光㊳，也就是仰望那借着这多刺的肉身照射到我们身上的光辉，这就是（如福音书所说的）真光和真理本身。㊴这样的人就能帮助别人得救，能推翻暴政的恶君，把一切身处罪恶之奴役中的人都解放出来。㊵

右手的变化和杖变成蛇是最初的神迹。

27. 在我看来，这些事以预表的形式表明主道成肉身的奥秘，也就是神向人显现，致使暴君灭亡，释放那些受他统治的人。㊶

28. 使我作出如此理解的，乃是先知书和福音书的证明。先知宣称："这就是至高者右手的变化"㊷，这话表明，虽然玄思中的神性本身是永恒不变的，但鉴于人性的软弱，神俯就将它变为我们的形象和样式。

29. 立法者的手一从自己的怀里伸出来，手的皮肤就变得不正常，而一缩回怀里，手又恢复了原有的美丽。同样，"在父怀里的独生的神"㊸，就

㊱ 这完全是柏拉图主义的陈述。见 Balás, p. 108。
㊲ 这些都是柏拉图主义的表述（比如《会饮篇》211ab；《理想国》380d）。关于这一思想参见 De an. et res. (MG 46.93C—97A)。
㊳ 参见 In bapt. Christi (MG 46.584B); Ep. 3, Vol. 8, 2, p. 23, 25ff. (MG 46.1020C); 注释 118。
㊴ 《约翰福音》1：9 及 14：6。
㊵ 情欲的暴政是柏拉图的思想（《理想国》577d）。在格列高利看来，真正的自由是"$\overset{'}{\alpha}\pi\overset{'}{\alpha}\theta\epsilon\iota\alpha$"。Daniélou, Platonisme... pp. 71—83, 92—103。
㊶ 这是另两个道成肉身的形象——杖和手臂，参见 Ambrose, De off. 3.15.94—95, 和 Cyril Jer., cat. Lect. 12.28。德尔图良认为手的变化是复活的形象 (De res. mort. 28)，希拉利则认为它说明圣经的两种意义 (Tract. Myst. 16, 这是一篇从祖先寻找基督教预表的作品)。亚历山大的西里尔遵循格列高利的观点——Glaph. in Ex. 2.300 (MG 69, 2.474D)。关于杖见注释 46 (260)。
㊷ 《诗篇》76：11，七十士译本。参见 C. Eun. 3.4.24, Vol. 2, p. 143, 5ff. (MG 45.720C—D)。关于下一句参见 Ref. conf. Eun. 181, Vol. 2, pp. 388, 24—389, 4 (MG 45.549A)。
㊸ 《约翰福音》1：18 (MSS 版的亚历山大经文)。

是"至高者的右手"。㊹

30. 当他从父的怀里向我们显现时，就变成了我们的样子。而当他除去了我们的弱点之后，就把先前在我们中间并接受了我们的肤色的手，重又收回到自己怀里（父就是这右手的胸怀）。那本性上不受伤害的并没有变成易受伤害的，但是那本性上可变、易受情绪影响的，由于分有了不可变者，也变得不受情欲伤害。㊺

31. 关于杖变成了蛇，爱基督的人不应对此感到不安——似乎我们是在把道成肉身的教理变为某种不适当的活物。㊻真理本身并不拒绝这种比喻，因为他在福音书中这样说："摩西在旷野怎样举蛇，人子也必照样被举起来。"㊼

32. 教训是很清楚的。倘若圣经称罪的父为蛇，蛇所生的，当然也是蛇了㊽，那么可以推出，罪与生罪者是同义的。但使徒有话见证说，主穿上了我们的罪性，从而"替我们成为罪"。㊾

33. 因而，这一比喻完全可以应用于主。既然罪就是蛇，而主成了罪，那么合乎逻辑的结论应该一清二楚：他因成为罪，因而也成了蛇，所谓蛇，不是别的，就是罪。他为了我们的缘故变成了一条蛇，以便消灭术士所制造的埃及的蛇。

34. 杖变成蛇，蛇又变回了杖，这杖使罪人恢复了自己的意识，而那些在向上的、艰辛的美德之路上放慢了脚步的人，也借此得到休息。信心的杖带

㊹ 《诗篇》76：11。爱任纽论到"神的双手"——*Adv. haer.* 4. 34. 1（Harvey, 2, p. 213）——见 John Lawson, *The Biblical Theology of St. Irenaeus* (London, 1948), chap. 10。

㊺ 参见 Irenaeus *Adv. haer.* 5. pref. (Harvey, 2, p. 314) 和 Athanasius, *De incarn. Verbi* 54。

㊻ 杖变蛇作为道成肉身的一个象征出现在爱任纽 *Adv. haer.* 3. 28（Harvey, 2, p. 118），后来被亚历山大的西里尔使用, *Glaph. in Ex.* 2. 299 (MG 69, 2. 469D－472C)。爱任纽认为杖就是童贞女, *Proof* 59（ACW 16；87）。查士丁 *Dial.* 86（参见 100. 4 和 126. 1）把杖等同于基督和十字架。希拉利 *Tract. Myst.* 1. 31 把杖应用于犹太人视为别西卜（Beelzebub）的基督，但他的本质借复活显明。（请注意，东方神学家看为道成肉身的东西，在西方神学家看来则是复活的东西。）

㊼ 《约翰福音》3：14。提到的情节在第二卷 269 节以下有讨论。

㊽ 《约翰福音》8：44；《启示录》20：2；《创世记》3：1。

㊾ 《哥林多后书》5：21。

给他们美好的盼望，支撑他们向上攀登。“惟有信是所望之事的实底。”(50)

35. 有人若是对这些事有了一些见识，(51)，就立即成为那些抵制真理之人的神，(52)这些人沉迷于物质的、虚假的幻觉，轻视有关存有的讨论，视之为毫无用处的闲聊，(53)正如法老所说的：“耶和华是谁，使我听他的话？我不认识耶和华。”(54)这样的人认为唯有物质的和属肉的事物，这些表明生命受制于完全非理性的感觉的事物，才是有价值的。

36. 如果相反，他已经在光的照耀下变得强大，获得了对抗仇敌的力量和权能，那么，他就如一名在教练指导下经过刻苦训练而获得提高的运动员，必能勇敢而自信地脱去衣服，与对手较量。(55)有了手中的杖，就是信心的道，他必定战胜埃及的蛇。

37. 外族妻子要跟随他，因为世俗教育中的有些东西是我们准备生出美德时不可拒斥的。(56)事实上，道德哲学与自然哲学可以在某些情形中结

---

(50) 《希伯来书》11：1。

(51) 格列高利这里用了“*πεείνοια*”一词，这词对他很重要。它描述的是一种高于观察物质事物而来的知识的知识。不过，与源于沉思神的那种知识也不完全相同，因为它仍然依赖于人的理智（参见第二卷，162）及注193［407］）和推测（参见第二卷，165）。阿泰那哥拉在同样的意义上使用这个词：因陷入物质事物而不能沉思真理的大众甚至没有关于造物主的大概认识（*ἀπερινόητος*，*Embassy* 27：2）。哲学家和不区分可感觉之物与可理知之物的诗人，若能主动推测，能获得一定的大概知识（*περινοῆσαι*），但不可能发现真正的实在（*Embassy* 7：2）。甚至柏拉图对神也只有某种大概的知识（*περινοήσας θεόν*，*Embassy* 23：7），这显然是因为他的知识不是像众先知那样，靠神启获得。参见A. Puech，*Les apologistes grecs du IIE*，*Siècle de notre ère*（Paris，1912），p. 180，n. 1。关于“*περινοῆσαι*”意指人对神的认识缺乏确定性，见注释193及第二卷165节。

(52) 《出埃及记》7：1。

(53) 参见*C. Eun.* 3.8，Vol. 2，p. 261，28f.（MG 45.852C）。

(54) 《出埃及记》5：2。在斐洛看来（*Leg. alleg.* 3.212），法老具有“不相信神和追求享乐的性格”。在格列高利看来，与法老的争战就是善与恶之间的争战，所以他必然沿续斐洛的思想路线。而对拉比来说，问题是偶像崇拜——*Midrash Rabbah*，*Exodus* 8.2。Methodius说：“法老是魔鬼的象征”——*Sym.* 4.2。

(55) 运动员的比喻在基督教文学中常常应用于隐修者。见PGL里*ἀγών*措辞。参见第二卷44节。见V. C. Pfitzner，*Paul and the Agon Motif*（*Novum Testamentum* Supplement 14，1967）。在格列高利，参见*In Eccl.* 1，Vol. 5，p. 278，7ff.（MG 44.617C）；*In S. Steph.*（MG 46.704A－C）。关于殉道士背景中的这一主题，见注释337的参考资料。

(56) 在斐洛看来，列祖的婚姻也是同样意义上的比喻；因而，亚伯拉罕的使女夏甲象征异教教育（*Congr.* 14.71），如这里的西坡拉所象征的。奥利金同样把与外邦人和使女的结合看做是对外邦学识的利用（*In Gen. hom.* 11.2）。相反，爱任纽则认为摩西的古实（Ethiopian）妻子是指外邦人的教会——*Adv. haer.* 4.34.12（Harvey，2，p. 224）。

为生活中的同志、朋友和伙伴，走向更高的层次，只要这种联合所生的后代不沾染上外来的污秽。(57)

38. 由于他的儿子不曾受割礼，尚未彻底除去一切有害和不洁之物，所以遇到他们的天使就带来死的威吓。(58)他的妻子就把儿子身上标志外邦人的那个记号彻底除去，表明他的儿子是洁净的，于是平息了天使的怒气。

39. 我想，如果有人在历史的指引下得到启蒙，紧跟历史叙述的顺序，就必能清楚地看到我们在阐述中标示出来的美德的发展次序。(59)哲学的生育官能所教导的事物中，包含一些属肉的和未受割礼的东西(60)；只要这些东西彻底清除，留下的就是洁净的以色列民。

40. 举个例子，异教哲学说，灵魂是永生的。(61)这是敬虔的子孙。(62)但它又说，灵魂从身体转世到身体，从理性本性变成非理性本性。(63)这就是属肉体的、外族的包皮。诸如此类的例子还有很多。它说有一位神，

(57) 请注意两类哲学。参见 *In inscrip. Ps.* II，3（MG 44.496A）“伦理哲学”和“理论哲学”。耶格尔在这种对希腊哲学的捍卫中看到对约于 390 年受到攻击的奥利金传统的辩护——*Two Rediscovered Works* 120，pp.133—136。关于格列高利的态度见导论，pp.3—5（5—6）。

(58) 圣经里已经有关于割礼的道德或灵性上的解释——《申命记》10：16；《耶利米书》4：4，9：26；《罗马书》2：28 以下。斐洛 *Quaest. Ex.* 2.2 对此做出道德上的解释。至于格列高利，见注释 29 所引用的 *De beat.* 8 里的段落。

(59) 关于格列高利对“顺序”或“关联”的使用见 Daniélou，“*Akolouthia* chez Grégoire de Nysse，” *Rev. des Sci. Rel.* 27（1953）：219—249。

(60) “γονή”是生殖器官，格列高利一直使用这个比喻。关于格列高利对这一比喻的使用的讨论，见 H. v. Balthasar，*Présence et Pensée. Essai sur philosophie religieuse de Grégoire de Nysse*（Paris，1942），p.52，n.5；F. Floeri，“Le sens de la division des sexes chez Grégoire de Nysse，” *Rev. des Sci. Rel.* 27（1953）：108，n.1；R. Leys，*op. cit.*，106—111。

(61) 格列高利肯定灵魂不朽：*De an. et res.*（MG 46.45C—48C；52A）；*Adv. Apoll.* 30，50，Vol.3，1，pp.178，19—179，7；218，24—31（MG 46.1189C—D；1248B—C）。参见 Harry Wolfson，“Immortality and Resurrection in the Philosophy of the Church Fathers，” *in Immortality and Resurrection*，ed. Krister Stendahl（New York，1965）；F. Refoulé，“Immortalité de l'ame et résurrection de la chair，” *Rev. de l'Hist. des Rel.* 163（1963）：11ff.。

(62) 请注意“敬虔”（εὐσέβεια）的语言，卡帕多西亚教父在阿里乌主义论辩中用来捍卫正统的神学教义——*Or. Cat.* 1.（MG 45.13A）；*C. Eun.* 2.12，Vol.1，p.230，19（MG 45.913D）。关于其他参考资料见 PGL s. v.（但请校正我们所列的格列高利的参考书目）。

(63) 格列高利在 *De an. et res*（MG 46.108B—116A）和 *De hom. op.* 28（MG 44.232A—233B）提出了对柏拉图的形而上学的批判，分别附前言阐述了引自《斐德罗篇》248c 以下的理论。

但又认为这神是物质性的。(64)它承认他是造物主，却又说他造物需要质料。(65)它肯定他既是良善的又是大能的，却又说他在一切事上服从于命运的必然性。(66)

41. 我们可以更为详细地指出，世俗哲学所添加的荒谬论述(67)如何玷污了美好的教义。只有把这些荒谬的东西完全除去，神的使者才会仁慈地临到我们面前，仿佛为这些教义的真正后代感到喜乐。

遇见亚伦

42. 我们必须回到圣经的顺序，以便我们在即将争战埃及人的时候，能得到弟兄的援助。因为我们记得摩西在美德生活刚开始时所卷入的那些争斗和争吵事件，记得埃及人欺压希伯来人，还有一次是一个希伯来人与自己同胞争斗。(68)

43. 对一个在山上经历长期的训练，得到超乎自然的启示，从而灵魂的美德已经提升到最高层次的人来说，当神带他哥哥来见他的时候，这显然是一种友好而平安的相见。如果我们从更富比喻的属灵意义上来理解这一历史事件，就会发现它于我们的目标是有益的。

44. 确实，神赐给我们人的恩助，是为那些真正过着美德生活的人提

---

(64) 教父们眼中的斯多葛主义的神观。关于斯多葛主义对格列高利的影响，见 K. Gronau, *Poseidonios und die jüdisch-christliche Genesisexegese* (Leipzig-Berlin, 1914), pp. 112—256。

(65) *De hom. op.* 24 (MG 44. 212D—213C) 里驳斥了柏拉图主义的质料永恒理论。R. A. Norris, *God and World in Early Christian Theology* (New York, 1965) 论到查士丁、爱任纽、德尔图良和奥利金的创世问题；参见 Harry A. Wolfson, "Patristic Arguments against the Eternity of the World," *Harvard Theological Review* 59 (October 1966): 351。

(66) 斯多葛主义的"*heimarmene*"理论在 *Contra fatum* (MG 45. 145D—173D) 里受到驳斥。

(67) 见 Claude Tresmontant, *La metaphysique du christianisme* (Paris, 1961), 关于灵魂不朽和创造宇宙问题的讨论，这是希腊哲学为早期教会提出的核心问题。

(68) 见第一卷 18 节及第二卷 13 节以下。

供的。(69)这种恩助在我们出生时就已经存在了，只不过唯有在我们致力于追求更高生命的勤勉训练时，为更激烈的争战赤膊上阵时，它才显明出来，叫人认识。

45. 为避免用我们自己的想象来解释这些描述，我将更清楚地阐明本人对此事的理解。有一种教义（它的可靠性在于它是列祖的传统）(70)认为，我们的本性坠入罪中之后，神并没有无视我们的堕落，也没有停止他神意的工作。恰恰相反，一方面，他指派非形体的使者来帮助每个人的生活；另一方面，他又派出败坏者，叫他通过邪恶的魔鬼，给人的生活带来苦难，并设计破坏我们的本性。(71)

46. 于是人发现自己身处在这两个对手之间，他们要把他引向完全相反的目标，所以他力所能及的事就是要协助一方战胜另一方。当良善使者通过理性证明显示美德的好处——那些行为正直的人在盼望中看见这些好处——他的对手则向人显示种种物质上的享乐，但是在这样的享乐中根本无法指望得到将来的好处，它们完全是当下的，可见的，可分有的，并且奴役那些不用自己的理智思考的人的感官。

---

(69) 注意释经语言，直译就是一种“富有寓意的沉思”(more tropical theoria)。关于一篇作品的“目标”，见注释 74。

将人的努力与神的帮助结合起来，最终获得成果，这是格列高利的特色。见耶格尔 *Two Rediscovered Works*，pp. 85－110，138－139，尤其是 92 以下。格列高利的神人协力合作理论（synergism）在 *De inst. Christ.* 里得到最佳表述；参见注释 135 引用的陈述。

(70) 伊比芬尼：“使徒在圣经里传下某些事，也在传统里传下某些事”，*Haer.* 61. 6 (MG 41. 1048B)；Chrysostom，*In Ep. II ad Thess. hom.* 4. 14 (MG 62. 488)。

(71) 参见第二卷 179、180 节。格列高利将神意与关于天使的理论联系起来。Ps. Plutarch. *De fato* 表明这一主题对柏拉图主义者有极大的吸引力。本文构建这一理论的目的在于，将它与人的自由意志相比较（见 P. de Lacy and B. Einarson，Plutarch's Moralia VII，*Loeb Classical Library* [Cambridge，1959]，pp. 303ff. ）。类似的理论还可在 Nemesius 和 Chalcidius 那里看到，也许源于 *De fato*。见 D. Amand，*Fatalisme et liberté dans l'antiquité grecque* (Louvain，1945)。关于天使在神的安排中的作用，见阿泰那哥拉 *Embassy* 10，24，25（参见 H. Wey，*Die Funktionen der bösen Geister bei den griechischen Apologeten des zweiten Jahrhunderts nach Christus* [Winthertur，1957]，pp. 37ff. ）。看护天使在 Hermas，*Vis.* 5. 1－4 里已经出现。见 Daniélou，*The Angels and their Mission according to the Fathers of the Church* (Westminster，Md.，1957)，pp. 68－82。“两个灵”出现在 Hermas *Mand.* 5. 1. 1－4，拉比的沉思（G. F. Moore，*Judaism*，1，pp. 479－493），死海古卷（1QS 3－4）；参见 *Barnabas* 18 里所论及的神的使者和撒旦。斐洛在 *Quaes. Ex.* 1. 23 中说：“每个灵魂一出生就有两种权能进入，一种是有益的，一种是有害的。”见论“魔鬼”的文章 *Dict. Spir.* 3：160－168。

47. 这样说来，人如果能远离那些引诱他作恶的人，并发挥自己的理性转向正路，抛弃邪恶，那么这就仿佛他让自己的灵魂变成一面镜子，与对美善之事的盼望面对面，其结果就是，美德的形象和印象——这是神向他所显明的——印刻在他纯洁的灵魂上。(72)于是，他的弟兄给他带来帮助，与他联合，因为如我所指出的，天使在某种意义上就是人的灵魂里理性和理智部分的弟兄，不论何时，只要我们靠近法老，他就出现，站在我们身边支持我们。

48. 我们要努力使历史叙述与这种理智沉思的结论完全一致，(73)但是，即使有人以某种方式发现历史叙述中某些地方与我们的理解并不一致，他也不应把整个计划全盘否定。他应牢记我们讨论的目标，我们在阐述这些细节时都指向这个目标。(74)在前言我们就已经讲过，我们要把可敬之人的生活树立为美德的典范，使后世的人跟从他们，学习他们。

49. 然而，那些仿效他们生活的人，是不可能经历与他们完全相同的真实事件的。试想，我们怎么可能再看到百姓寄居埃及繁衍生息的情景?

---

(72) 参见 *Sentences of Sextus* 450，"人心是神的镜子。"阿塔那修关于沉思的类似论述中也出现镜子比喻——见 Regis Bernard, *L'image de Dieu d'après S. Athanase* (Paris, 1952), pp. 72ff.。这一比喻在柏拉图那里已经有过。见 A. J. Festugière, *Contemplation et vie contemplative chez Platon* (Paris, 1936), pp. 105－122；Leys, *op. cit.*, p. 51。在格列高利这里，当论到灵魂的自由和对神性的分有时，镜子就成为核心形象。关于镜子最好的论述可能是 *In Cant.* 5, Vol. 6, p. 150, 9－13 (MG 44. 868D)；关于这一段落将灵魂的镜子与自由意志联系起来的讨论，见 *In Cant.* 4, p. 104, 1ff. (MG 44. 833B)。镜子上的锈必须除去，这样镜子才能反映良善，见 *De beat.* 6 (MG 44. 1272B－C)。Aubineau 将这观点与 *De virg.* 的教义相联系 (his edition for SC 119：187f.)。见 P. Horn, "Le 'Miroir,' la 'Nuée'：Deux manières de voir dieu d'après S. Grégoire de Nysse," *Revue d'ascétique et de mystique* 8 (1927)：113ff.；对照 R. Leys, "La théologie spirituelle de Grégoire de Nysse," *Studia Patristica* 2 (1957)：510. Daniélou, *Platonisme...* pp. 210－222 及 Muckle, *op cit.*, pp. 73ff.。

(73) 沉思以可理知之物 (*τὸ νοητόν*) 作为对象。参见柏拉图《斐多篇》65de；《斐德罗篇》247c。

(74) 这一段落对格列高利的方法很重要。在他看来，对一篇作品的细节的解释可以根据解释者所提出的目标来确定。他的标准就是有教化意义。见 *In inscrip. Ps.* 1, Vol. 5, pp. 24－25 (MG 44. 432A－B)；*In Eccl.* 1, Vol. 5, p. 279, 10ff. (MG 44. 620A)；参见 *In Hexaem.* (MG 44. 69D)。*In Eccl.* 7, Vol. 5, p. 395, 4f. (MG 44. 716A－B) 宣称，"神所立的律法有一个目的 (*σκόπος*)。" Alexander Kerrigan, *St. Cyril of Alexandria：Interpreter of the Old Testament* (Rome, 1952), pp. 89－90 表明这一原则源于杨布里柯 (Iamblichus)。在 pp. 367ff.，他的引用与格列高利 48－50 节的引用完全相同 (*Glaph. in Gen.* 3, 4—MG 69. 146A, 192B)。

怎么可能再看到暴君奴役百姓，仇视男婴，只允许软弱的女婴数量增加的情形？怎么可能看到圣经里所记载的其他种种事件？既然事实已经表明，要完全像这些蒙福之人那样经历这些历史事件的奇迹是绝不可能的，那么我们岂不可以在那些包含道德教训的事上，用这样的教训来替代事件的真实过程。如此一来，那些一直在美德之路上孜孜以求的人，就可能在追求美德生活中获得帮助。

50. 如果出于情势所需，要把某些与道德解释系列不相一致的记载从历史叙述中略去，我们就将这些内容略去，因为这些内容于我们的目标没有意义，也没有益处，我们不能让走向美德的道路耽搁在这些地方。

51. 关于亚伦的解释，我就讲这些，预防后面的记载引发异议。[75]因为有人会说，毫无疑问，天使在理智和无形方面确实与灵魂有着密切的关系，并早在我们被造之前就存在了，[76]它与那些争战撒旦的人结成联盟，但把亚伦，就是那个带领以色列人拜偶像的亚伦，看做天使的一个预表，则是不正当的。

52. 对此我们要回答说，与我们的目标无关的事，我们忽略不论，但它并不必然破坏存在于其他地方的一致性。再者，"弟兄"和"使者"这两个词在它们所可能具备的意义上，都可适用于相互对立的事物。

53. 因为"使者"不仅可指神的使者，也可指"撒旦的差役"。[77]而我们所称的"弟兄"既指良善的弟兄，也指邪恶的弟兄。所以，圣经论到良善弟兄时说，"弟兄乃是为患难而生"[78]，论到恶的弟兄时又说，"你们弟兄尽行欺骗"。[79]

---

[75] 第二卷 208 节及以下。

[76] 关于灵魂的非物质性见 Weiswurm, *op. cit.*, pp. 55ff.；Harold Fredrik Cherniss, *The Platonism of Gregory of Nyssa*, pp. 12—25。注意斐洛 *Quaest. Ex.* 2.13，"天使就是理智性的灵魂，或者确切一点说是完全理智的，完全非形体的，是神的执事，管辖人类的某些需要和事务。"

[77] 《哥林多后书》12：7。

[78] 《箴言》17：17，七十士译本。

[79] 《耶利米书》9：4（9：3，七十士译本）。见 *In Eccl.* 8, Vol. 5, p. 432, 2ff.（MG44.745C）。

宣告解救

54. 我们把这些问题放到后面(80)讨论，将在适当的地方对它们做出更为全面的解释，现在我们要把话题转向眼前的事。摩西既在光的照耀下获得力量，有了这样一个弟兄的联合和支持，就大胆地把关于自由的话语向百姓宣传，提醒他们记念列祖的高贵，教导他们如何摆脱做砖的苦役。(81)

55. 那么，历史借此又在教训我们什么呢？那就是，人若还没有借这种属灵的训练装备自己，获得教训众人的本领，就不可擅自在百姓中传教。你们也知道，当他年纪还小，在美德上还没发展到很高境界时，争吵的双方并没有接纳他要他们和睦相处的劝告，然而如今，他已经能以同样的方式向几万百姓传讲。历史岂不就是在大声对你说，不要擅自在教训中劝告你的听众，除非你像摩西那样经历了长期而艰苦的训练之后，完全具备了这种能力。

56. 当摩西说了这番卓越的话语，教导听众如何获得自由，并增强他们追求自由的欲望之后，仇敌被激怒了，就叫那些倾听摩西演讲的人受更大的苦。这一点与现在的情况并没有两样。在那些将这些话语当做摆脱暴政的解救者并已经与福音自我认同的人中，有许多在今天仍然受到魔鬼种种试探的威胁和攻击。

57. 诚然，他们中的许多人在这些猛烈的攻击下变得刚强，在信心上变得更加坚定了，但也有一些软弱者被这些不幸压倒，还直言不讳地说，如果没有听到关于自由的消息，倒比为自由的缘故忍受这些不幸，

---

(80) 见第二卷208节及以下。关于ἀκολουθία见注释59。

(81) 《出埃及记》5：6及以下。斐洛《论摩西的生平》1.7.34ff.。

对他们自己来说更有益些。

58. 以色列人当时的情形也是这样，他们出于自私的禀性，指责那些向他们宣告要解救他们脱离奴役的人。(82)然而，道绝不会停止引导人走向至善，即便他因年纪尚小，智力不成熟，还像孩子一样惧怕陌生的试探。

59. 因为这个危害并败坏人类的魔鬼深切关心的是，不可让他的臣民抬头向天，而要让他们终日弯腰，在自己心里用黏土造砖。(83)每个人都明白，凡是属于物质享乐的东西，都必然由土或水构成，不论人所关心的是肚腹和饮食之乐，还是财富之乐。

60. 这两种元素混合在一起就成了黏土，人们也就这样称呼了。那些贪求黏土之乐，不断追逐这种享乐的人，是永远不会满足的。因为他们虽然在不停地往欲壑里填塞，但总是还等不到下次填塞，原先所填的就已经空了。同样，做砖的人不断地向模具中倒入更多的土，但模具里面总不断地变空。我想，人只要看一看灵魂的欲望部分，就能容易地理解这一比喻的意思了。(84)

61. 因为人对一件事情的欲望一旦得到满足，就会马上转向对别的事的欲望，这样一来，他就会发现，与那件事相比自己又是空无所有。即使他在那件事上使自己的欲望得到了满足，他会再次变得虚空，成为填装其他事物的容器。我们就一直这样做着，从不停息，直至离开这物质性的生命。(85)

---

(82) 《出埃及记》5：21。

(83) Origen, *In Ex. hom.* 2.1。黏土的制作代表欲望的循环，一直追求快乐的满足，但永远达不到，参见 *In Eccl.* 1, Vol.5, pp.284—288 (MG 44.624B－625D)。*De Beat.* 4 (MG 44.1244B－1245B) 解释说，属肉体的欲望可以找到自身的满足，从而暂时停止欲望，享受满足，然而不久欲望又被点燃，尽管肉身并没有提供新的快乐。相反，美德始终有新的经验可以提供。Daniélou, *Glory to Glory*, pp.48ff. 将属世的寻求满足欲望的过程中的缺乏满足与不断走向完全过程中的不满足进行对比，见注释310。

(84) 见第二卷96节关于灵魂的各部分的论述。

(85) 参见沙丘的比喻，第二卷243节及以下。推罗的马克西姆（Maximus of Tyre）也有同样的思想（*Disc.* 5.6）。

62. 至于按暴君的命令混合到砖里的草木、禾秸，神圣的福音书和使徒可敬的教训都解释为烧火的原料。⑧⑥

埃及的灾祸

63. 无论何时，只要有美德卓绝的人想把那些被计谋所骗的人引向沉思和自由的生活，那用各种诡计蒙骗我们灵魂的魔鬼（如使徒所说⑧⑦）就知道如何引入阴险的计谋反对神的律法。我这里要说的是经文中的埃及蛇，也就是摩西的杖所毁灭的各种不同的邪恶诡计。关于杖，我们或许可以说已经做了充分的解释。⑧⑧

64. 有了无敌的美德之杖——这杖毁灭了巫术的杖——他就不断行出更大的神迹。行神迹的目的不是要吓唬那些碰巧在场的人，而是要叫他们注意那些得救者所受的恩益。正是由于美德的这些奇事，他的仇敌被击败了，他自己的百姓则变强大了。

65. 我们若是首先认识了神迹奇事的普遍的属灵意义，接下来就能够把这种理解应用到个别的奇事之中。真正的教义与那些领受道的人的素质是相适应的，因为虽然道把善的、恶的一并向众人呈现出来，但是对所呈现之事有美好意向的人，他的理智就能得到启示，而无知的黑暗总是与秉性顽梗，不让自己的灵魂去注视真理之光的人同在。⑧⑨只要我们对这些事的普遍理解是准确无误的，那么对具体事物的理解也自然不会有什么出入，因为个体是与整体一同显明出来的。

66. 所以，那时希伯来人虽然生活在外族人当中，却丝毫未受埃及人

---

⑧⑥ 《出埃及记》5：4，16—18；《马太福音》3：12 及《哥林多前书》3：12。
⑧⑦ 《以弗所书》6：11。
⑧⑧ 第二卷 31 节及以下。
⑧⑨ 见 Cherniss, *op. cit.*, pp. 51f.；Sallustius, *Concerning the Gods and the Universe* 12 (Nock, p. 22)。

的恶行影响，这根本没有什么可稀奇的。我们今天在人口密集、众人各执己见的城市，也能看到正在发生同样的事。对一些人而言，他们凭借神的教训从中取水的信心之河是新鲜、清洁的，而对另一些人，那些像埃及人一样生活，通过自己的罪恶预想取水的人，水就变成了污浊的血。(90)

67. 有多少次，诡诈之主用虚谎玷污希伯来人的水，也就是说，歪曲我们的真实教义，把它错误地传给我们，企图叫这水也变成血。然而，即使他凭着自己的诡计轻易地将水变成了红色，也不可能把水变得完全无法饮用，因为他没有注意视觉上的错觉，希伯来人纵然真的被对手误导了，他喝的也是真正的水。

68. 青蛙也同样如此。这种既丑陋又吵闹的两栖动物，到处乱跳，不仅样子看起来令人厌恶，还有闻起来一股恶臭的皮肤。它们进了埃及人的家，上了埃及人的床，还潜入埃及人的贮藏室，唯独没有影响希伯来人的生活。

69. 显然，不断繁衍的青蛙就是邪恶所生的极具毁灭性的后代，它们从人类卑污的心里产生，就如同从某种污浊的泥沼里滋生出来一般。(91)这些青蛙在那些甘愿像埃及人那样生活的人家里泛滥成灾，它们爬上餐桌，甚至不放过床笫，还进入贮藏室。

70. 我们在卑污、放荡的生活中所看见的，实在就是从黏土和淤泥中

---

(90) 关于“διέφθορος αἷμα”，见 Hippocrates，*Mul.* 2. 134。

(91) “βόρβορος”，“污泥”的主题出于柏拉图——《斐多篇》，69c；《理想国》7，533d；普罗提诺《九章集》1.6.5；18.13；6.7.31。参见格列高利“享乐的泥潭”（πηλός），*In Cant.* 11，Vol. 6，p. 332，2（MG 44. 1008C）；人“陷入罪的泥沼”，*De virg.* 12，Vol. 8，1，p. 299，28（MG 46. 372B）；“除去像污泥一样沾在灵魂之珍珠上的情欲”，*De perf.* Vol. 8，1，p. 212，2－3（MG 46. 284C）。见 Michel Aubineau，“Le thème du ‘Bourbier’ dans la littérature grecque profane et chrétienne，” *Rech. Sci. Rel.* 47（1959）：185—214，和 H. Merki，*ὁμοίωσις θεῷ von der platonischen Angleichung am Gott zur Gottähnlichkeit bei Gregor von Nyssa*（Paradosis 7，Freiburg，1952），p. 117，作者讨论的观点，在普罗提诺《九章集》1.6.5. 也见。根据 Aubineau 的划分，格列高利对第二卷 72 节里的主题更多的是道德格言式的应用，而不是哲学沉思上的使用，或者至少融合了两者，而在第二卷 302 节里引用的猪的泥沼，则肯定是在道德格言上使用。参见 MG 44. 832D－833A 关于蛙的论述。在本段里，格列高利似乎接受“自发的产生”。

滋生的东西，还有那由于对非理性之物的效仿变得既非全然的人也非全然的蛙的生命样式。虽然本性上是人，但因情欲变成了兽，这种人表现出来的，就是有两种本性的两栖生命形式。此外，我们不仅可以在床上，还可以在餐桌上、在贮藏室里，乃至整个房子里找到这种疾病的证据。

71. 由于这样的人在一切事上都表现出放荡，所以我们每个人都可以根据放荡者和纯洁者各自家里的珍宝，轻而易举地辨别他们各不相同的生活。在放荡者的家里，墙上挂有壁画，壁画上巧妙构思的画面激发人的情欲。(92)这些东西揭示了疾病的本质，情欲通过眼睛从所看见的可耻事物源源不断地流入灵魂。然而在谨慎者的家里，主人采取了一切有远见的预防性措施，使眼睛远离情欲景象，保持自身的纯洁。

72. 我们同样可以看到，谨慎者的餐桌是洁净的，而那在泥沼中打滚的人的餐桌，却是青蛙的样式，是属肉体的。你若是搜查一下他的贮藏室，也就是说，深入观看他生命中那些秘而不宣的事，就会发现，他还在自己的放荡里藏着更大一堆青蛙。

变得刚硬的法老之心和自由意志

73. 历史记载说美德之杖向埃及人做了这些事，我们不必对此大惊小怪，因为历史还说神已叫暴君的心变得刚硬。(93)试想，一个人若是在神的

(92) 关于淫荡图画，参见 Clement Alexandria，*Coh. ad Graec.* 4。

(93) 《出埃及记》9：12；《罗马书》9：17—18。爱任纽在 *Adv. haer.* 4. 45 (Harvey 2，pp. 241f.) 讨论过法老之心变刚硬，奥利金也常常论到 (R. P. C. Hanson，*Allegory and Event* [Richmond，1959] 215ff.；W. J. P. Boyd，"Origen on Pharaoh's Hardened Heart，" *Studia Patristica* 7 [1966]：434ff.) — *De princ.* 3. 1. 8 — 11；*Comm. Rom.* 7. 16；*In Ex. hom.* 4. 2。奥利金按字面意思理解经文；神使法老成为鞭笞犹太人的工具，他必在另外的存在方式中得救。然而，格列高利认为自由意志是心变硬的原因——参见 *In Eccl.* 2，Vol. 5，p. 302，10ff. (MG 44. 640B) ——不过，他在另一处很接近奥利金的观点——*De inf. qui praem. abrip.* (MG 46. 189A — C)。

控制下注定要变得顽梗、固执，那么别人又怎能定他的罪呢？圣使徒在某处也表达了同样的意思：“他们既然不认识神，神任凭他们放纵可羞耻的情欲”(94)，这里论到的是那些鸡奸的人，以及那些干出可耻而难以启齿的放荡之事来羞辱自己的人。

74. 然而，即使前面所讲的就是圣经所记载的，而且那放纵自己可羞耻情欲的，神也确实任凭他们放纵。即便如此，法老的心变硬也不是出于神的旨意，像青蛙一样的生活也不是美德塑造的。试想，倘若这样的事也是神性所决定的，那么可以肯定，人在任何情形下的选择都应当是完全一致的，这样，也就看不到生活中有善恶之别了。(95)然而，不同的人过的生活也各不相同——有些人过着正直的美德生活，有些人却滑入了邪恶之中。理性的人是不会把这些生活上的差异归因于存在人自身之外的某种神圣强制力的。要过哪种生活，这是每个人自己选择的。

75. 我们可以从使徒那里清楚地知道，放纵可羞耻情欲的人究竟是什么人：他就是不愿意认识神的人。神所不承认的人，他就不予保护；神不保护的人，就任凭他放纵情欲。而他不认识神正是他陷入受情欲支配的可耻生活的原因。

76. 这就好比说，有人因没有看见太阳，就指责太阳使自己跌入沟中。但我们并不认为这发光体会因某人不愿意仰望它而愤怒地把他推入沟中。相反，我们会对这种说法做出较为合理的解释：没有看见太阳的人正是因为没有分享光明而跌入了沟中。(96)同样，使徒的意思应该是很清楚的，也就是说，任凭其放纵可羞耻情欲的，正是那些不承认神的人；神叫埃及暴君变得刚硬，不是因为神的旨意把抗拒力置于法老的心里，而是因为法老的自由意志倾向于邪恶，没有领受道来抵消抗拒力。

77. 同样地，当美德的杖出现在埃及人中间时，希伯来人借之摆脱了

---

(94) 《罗马书》1：28、26。

(95) 参见 *Or. cat.* 31 (MG 45.77C)。

(96) 参见类似的说明，*De virg.* 12，Vol.8，1，p.298，21ff. (MG 46.369D)。

蛙样的生活，而埃及人却暴露出这种疾病的完全情状。

78. 当摩西为埃及人伸出自己的双手，青蛙就立即被除灭了。(97)如今也可以看到这种情景仍在发生着。那些认识立法者所伸出的双手的——相信你们明白这一形象告诉你们的是什么，知道这位立法者乃是真正的立法者，伸出双手的就是在十字架上伸出双手的那位(98)——也就是说，那些暂时有过这些卑污、蛙样念头的，只要他们朝向那替我们伸出双手的主，就获得释放，摆脱原本邪恶的生活，因为他们的情欲被治死，发出阵阵腥臭。(99)

79. 确实，那如蛙一样的情欲死了之后，那些已经从这种疾病中得救的人，原先的生活方式对他们来说就变成了一种肮脏、发臭的记忆，让灵魂感到恶心和羞耻。这正如使徒对那些从恶变为善的人所说的："你们现今所看为羞耻的事，当日有什么果子呢？"(100)

80. 根据我的这种理解，我们来思考因杖的缘故在埃及人眼里变得黑暗，而在希伯来人眼里则被太阳照亮的空气。(101)我们所提出的观点在这件事上得到确证。不是某种来自天上的强制力使一者陷于黑暗，另一者身处光明，我们人类在自身之内，在我们自己的本性之中，拥有走向光明或坠入黑暗的原因，这是我们自己选择的，因为我们想处于哪个领域，就把自己放在哪个领域。

81. 从历史记载看，埃及人的眼睛并未陷于黑暗，只是因为某堵墙或某座山挡住了他们的视野，遮住了光线。阳光总是一视同仁地照耀一切，但是，希伯来人对阳光欢欣鼓舞，而埃及人却对太阳的恩赐无动于衷。同样，光明的生活并无任何偏袒，叫各人按着自己的能力追求，只是有人追求邪恶，走向不义，一直陷于黑暗之中，而有人却在美德之光

(97) 《出埃及记》8：5 有摩西伸出双手引发蛙灾的记载，但对除灭它们，只提到祷告（8.12f.）。

(98) 第二卷 150－151 节对伸出的双手作为十字架的符号做了更为详尽的讨论；见注释 171。

(99) 关于"腥臭"，"ἐποζεσάντος"参见《出埃及记》7：18。

(100) 《罗马书》6：21。

(101) 见第一卷注释 17。

的照耀下显得神采奕奕。

82. 也许有人会基于埃及人在黑暗中受了三天困苦之后确实分有了光明这一事实，进而认识到最终的复归，那些在欣嫩子谷（Gehenna）受了罪的人可望将来在他们的天国里实现这最终的复归。[102]因为历史所说的那"似乎摸得着的黑暗"[103]，无论就它的名称还是它的实际含义方面，都与"外边的黑暗"[104]有着密切的关系。如我们前面所理解的，当摩西替那些生活在黑暗中的人伸出双手时，这两种黑暗都被驱散了。

83. 我们也可以以同样的方式领会经文里所说的，叫埃及人长了痛苦不已的疮的"炉灰"[105]的真实含义。在被称为"炉子"的事物中，我们感受到欣嫩子谷里惩罚之火的威胁，而这火只会烧灼那些仿效埃及人的生活方式的人。[106]

84. 人若是真正的以色列人，亚伯拉罕的子孙，并在生活中完全效仿他，从而根据自己的自由意志表明他与这被拣选的民属于同一支派，那么他就不会受到那可怕的火的伤害。我们已经对摩西伸出的双手做了解释，就其他的人来说，我们也可以把它解释为医治他们的伤病，使他们

---

[102] 这一段落教导"ἀποκατάστασις"，或者"最后的复归"（永恒救恩），在一类抄本中它被另外段落取代，但其真实性是确定无疑的。见 Daniélou, p. 54; Musurillo, p. 57; Daniélou, "L'apocatastase chez saint Grégoire de Nysse", *Rech. Sci. Rel.* 30 (1940): 328 – 347。而且，第84节也要求有这一段。普遍救赎是奥利金教导的——*De princ.* 2. 10. 8; 3. 6. 3; *C. Cels.* 8. 72。格列高利也在很多地方讨论过——*Or. cat.* 26, 35 (MG 45. 68D – 69C; 92C); *De hom. op.* 21 (MG 44. 201C); *De an. et res.* (MG 46. 88A, 100A – 101A, 157 – 160); *De mort.* (MG 46. 524 – 525)。与奥利金的连续世界不同，格列高利似乎认为一次洁净就足够了。在有些段落里格列高利暗示存在一种永远失落的状态——*In inscrip. Ps.* 2. 16, Vol. 5, pp. 174 – 175 (MG 44. 605 – 608); *De paup. amand.* (MG 46. 461A). *In Cant.* 里的最后一个句子似乎表达了他的盼望："当众人都朝向同一个欲求目标，都成为一体，任何人身上都没有恶的东西残留，到那时，神必向每个人显现为一切，就是向那些分有我们的主基督耶稣里的善而彼此联合的人显现，荣耀和权能都归于主，直到永永远远。阿们！"(Vol. 6, p. 469, 4ff.; MG 44. 1117D – 1120A) 格列高利的哲学、神学以及灵性论都在这一陈述里得到了表达。

[103] 《出埃及记》10: 21。

[104] 《马太福音》8: 12。拉比们认为这临到埃及的黑暗就是欣嫩子谷（炼狱）——*Midrash Rabbah*, *Exodus* 14. 2.

[105] 《出埃及记》9: 8;《马太福音》13: 42。

[106] 参见 *In Cant.* 3, Vol. 6, p. 77, 21 (MG 44. 813C)。把"炉子"也解释为欣嫩子谷是犹太人的理解——*Mekilta de Rabbi Ishmael*, *Tractate Bahodesh* 9。

免受痛苦的良药。

85. 人只要遵循我们先前的考察顺序，就会轻而易举地对每一灾祸做出相应的理解：虱子难以察觉的叮咬折磨埃及人，挥之不去的苍蝇围攻他们的身体，令其不胜厌烦，耕地蝗虫肆虐，变得荒芜，天上的暴风降下了冰雹。

86. 按照前述的原则，是埃及人的自由意志引发了这些灾祸，他们做出自由选择之后，神就显出毫不偏袒的公义审判，把他们当得的报应降到他们头上。我们要紧紧遵循对经文的这种解释，切不可得出这样的结论，认为这些临到那些罪有应得的人头上的苦难直接源于神。相反，我们要注意，每个人都是自己制造自己的苦难，因为是他通过自己的自由意志选择了这些痛苦的经历。当使徒与这样的一个人谈话时，也说到了同样的事："你竟任着你刚硬不悔改的心，为自己积蓄忿怒，以致神震怒，显他公义审判的日子来到。他必照各人的行为报应各人。"(107)

87. 这就好比有人因为生活放荡，肠道里产生了某种破坏性的、多胆汁的体液；假若医生给他用药，引发他呕吐，我们不能说这医生成了病人体内疾病的制造者，相反，这病乃是病人自己不当的饮食习惯导致的；医疗手段只是将疾病揭示出来而已。同样地，即使有人说，可怕的报应是直接从神临到那些滥用自由意志的人身上的，我们也必须认为，这样的痛苦其根源和成因在于我们自身，这才是合理的观点。(108)

88. 对过着清白无罪的生活的人来说，根本就不存在黑暗、虫子、炼狱（欣嫩子谷）、火以及其他可怕的名字和事物，事实上，历史接着就是这么说的，埃及的灾祸原本就不是降给希伯来人的。既然在同一个地

(107) 《罗马书》2：5 以下。与同样的思想相关的同样的引用出现在奥利金《论首要原理》(*De princ.*) 3. 1. 11。

(108) 将神降下的鞭笞与医生的治疗相比较，对鞭笞做医学上的解释，出于 Origen，*Comm. Matt*. 15. 11。格列高利时时提到医学上的问题。参见第二卷 272、278 节。Goggin，*op. cit.*，pp. 22－25，137－144。

方,灾祸降临到这个人身上,却不去光顾另一个人,自由意志的不同选择使他们彼此分别,那么显然,如果没有我们的自由选择,就不可能出现任何邪恶的事物。

长子之死

89. 我们继续看下文。我们从已经做过分析的事件中得知,当摩西(以及所有效仿他的榜样借着美德提升自己的人)经过长期的实践和高尚的生活,再加上从天上降临的光照,灵魂已经变得强壮有力,此时他就认为,不领导自己的同胞走向自由的生活,那是一大损失。

90. 摩西来到百姓中间之后,给他们带来了更大的痛苦,以便在他们心里种下对自由更强烈的渴望。为了使自己的同胞除掉恶,他让死临到埃及一切长子。他这样做是为我们订立了一条原则,即必须彻底毁灭邪恶所生的长子。[109]除此之外,想要摆脱埃及人的生活是不可能的。

91. 我如果对这一解释不做更深入一步的思考,只是一笔带过,那对我必定没有好处。我们若是只注意历史,又怎么能在对历史事件的描述中保持与神相配的观念呢?试想,埃及人行事不义,却叫他新生的孩子代他受过,新生的婴儿怎么能分清善恶[110]?婴儿的生活根本没有恶的经历,因为他不可能有情欲,也不懂得分辨左右手。[111]婴儿抬眼只能看见母亲的乳头,啼哭流泪是表达他难过不适的唯一方式;只要得到了他本性向往的东西,就露出微笑,表示快乐。让这么一个婴孩来替他父亲的罪受罚,公义何在?敬虔何在?圣洁何在?以西结,就是那位大声说:"惟

---

[109] Origen, *In Ex. hom.* 4.8。
[110] 参见 Demosthenes, *De cor.* 128。
[111] 参见《约拿书》4:11。

有犯罪的，他必死亡，儿子必不担当父亲的罪孽”(112)的人，他又何在呢？历史又怎能与理性如此背道而驰呢？

92. 因此，当我们寻求真正属灵的意义，力图确定这些事是否在预表论的意义上发生时，就应当做好准备去相信，立法者在叙事的同时已经给人立了教训。这教训就是：当人通过美德开始认真对付一切邪恶时，他必须彻底扼杀邪恶的最初苗头。

93. 因为人一旦把苗头扼杀了，也就同时除掉了随之而来的后果。主在福音书里也教导同样的事，他命令我们抛弃淫念和愤怒，不再有对奸淫之污或杀人之罪的恐惧(113)，这几乎就是在明确地要求我们杀死埃及之恶的长子。这些事物没有哪个是独立形成的，乃是因果相生的，愤怒引出杀人，淫念导致通奸。

94. 既然邪恶生产者在生奸淫之恶前先生淫念，在生杀人之罪前先生愤怒，那么摩西在除掉长子的时候，当然也将它所生的所有后代都一并杀死了。以蛇为例，人一旦把蛇头砸碎，也就同时杀死了它的其余部分。(114)

95. 若不是有血涂在我们的门上，把灭命的挡在一边，这样的事就会发生。(115)如果有必要更全面地理解这里所说的意义，那么我们得说，是历史提供了这种理解：一方面杀死长子，另一方面用血来保卫入口。就一者来说，最初的犯罪冲动消除了，就另一者来说，邪恶得以进入我们里面的第一道门被真正的羊羔挡住了。因为当灭命的要进入我们里面时，我们不是凭自己想办法将他驱赶出去，而是依靠律法筑起一道防御墙来阻止灭命的，不让他在我们中间找到立足之点。

(112) 《以西结书》18：20。

(113) 《马太福音》5：22、28。

(114) 参见 *In Eccl.* 4, Vol. 5, p. 349, 5ff. (MG 44. 676C－D)；*De or. dom.* 4 (MG 44. 1172B)。

(115) 《出埃及记》12：23。

96. 安全的保障在于用羊羔的血在门楣上和左右的门框上作记号。圣经这样借着形象的比喻使我们对灵魂的本性有了科学的理解，而世俗知识也考察研究这个问题，把灵魂分成理性的、欲望的（appetitive）、激情的（spirited）三个部分(116)，同时也告诉我们，这几部分中，激情部分和欲望部分放在下层，分别在两边支撑灵魂的理性部分，同时，理性部分与这两部分相结合，以便使它们保持团结，它自己也从这两部分获得支持，即通过激情部分接受勇敢方面的训练，通过欲望部分得到提高，从而在良善上有分。(117)

97. 所以，只要灵魂以这样的方式保持安全，用高尚的思想维持其坚固性，仿佛用螺栓固定一般，那么灵魂的各个部分就会为善良彼此合作。理性部分为支持它的各部分提供安全，反过来，也从支持部分获得相应的益处。

98. 但是，如果把这种结构调个头，把上面的换到下面去——如果理性的部分从上面坠落，欲望部分和激情部分就会使它成为被踩踏的部分——那么，灭命的就潜入到里面；血没有力量抵挡他的进入，这就是

---

(116) *ΛΟγιστικόν*，*ἐπιθμητικόν βυμοειδές*。特别是后一个词，很难译成英语；我们根据这些心灵学背景（psychological context），把它译成“激情的”（spirited），但不可与“灵”（spirit）相混淆。灵魂的欲望部分是指身体的情欲或者属肉体的欲望；激情部分指炽烈、饱满的意志，或者非肉体的激情，其消极方面是暴躁易怒，属于保罗所说的“血气”（flesh）。这三重分法出自柏拉图《理想国》439d，588b；《斐德罗篇》246b。关于它在基督教上的转用，参见 Clement Alexandria，*Paed.* 3.1。关于激情的正面使用，见注释 117。关于格列高利的灵魂结构论，见 Daniélou，*Platonisme*... pp. 61－71；Cherniss，*op. cit.*，pp. 12－25；Muckle，*op. cit.*，pp. 55ff.；Aubineau，SC 119：98－100；J. P. Cavarnos，“Gregory of Nyssa on the Nature of the Soul，” *Greek Orthodox Theological Review* 1（March 1955）；13－41；*idem*，*St. Gregory of Nyssa on the Origin and Destiny of the Soul*（Institute for Byzantine and Modern Greek Studies，1956）。在 *De hom. op.* 8.4f.（MG 44.145C）格列高利在讨论生命的不同形式出现的顺序时，根据亚里士多德的划分法，把灵魂分为植物的、感性的和理性的。对本段的柏拉图主义分析见 *Ep. can.* 2（MG 45.224A），*Adv. Apoll.* 8（MG 45.1140A－B），是 *De an. et res* 的基础。门楣、门框与灵魂三部分的关系出现在斐洛 *Quaest. Ex.* 1.12，形式略有不同。（参见 *De conf. ling.* 7.21）在奥利金的 *Sel. Ex.*（MG 12.285A），克里索斯托的 *Peri Pascha* 2.8（Nautin，SC，36，p.83；cf. pp. 40f.）；狄奥多勒的 *Quaest. Ex.* 12.24（MG 80.252－253A），情形也是如此。格列高利下文的措辞做了调整，以适合门廊的比喻。参见第二卷 123 节。

(117) 低级倾向可以转向善；见 Cherniss，*op. cit.*，esp. pp. 17－20；Aubineau，SC 119：158，168，176。关于理性部分支配低级部分的必要性，参见 *De an. et res.*（MG 46.60D－61C）；*De virg.* 18. Vol. 8，1，pp. 318f.（MG 46.389C－392B）；*In inscrip. Ps.* 1.8，Vol. 5，pp. 61－62（MG 44.477B－C）；*De beat.* 2（MG 44.1216B）。

说，基督里的信心本身是不会与具有这种品性的人联合的。

99. 因为他说，先要在上面门楣上涂血，然后用同样的方法在左右两边的门框上涂血。既如此，门楣若不是位于顶上，人又怎么能够先在上面部分涂上血呢？

100. 即使这两件事——杀死长子和涂上血——都没有发生在以色列人中间，也完全不必感到惊奇，也不可因此拒斥我们所提出的关于除灭邪恶的思考，仿佛它只是一个没有任何真理性的谎言。现在，我们在以色列人与埃及人这些名称的差异中认识到了美德与邪恶之间的不同。既然按属灵的意思，我们把以色列人理解为有美德的人，我们若还要杀掉美德所结的初果，那就不合情理了。相反，那些毁灭他们比培养他们更有益处的东西，才是我们所要杀的。

101. 所以，我们得到神的教训说，必须杀死埃及孩子中的长子，把邪恶扼杀在摇篮里，这样它才可能彻底灭绝。这种理解与历史是相符的。对以色列孩子的保护是通过洒血实现的，这样良善就完全可能逐渐长大成熟。但是，埃及人身上要成熟的东西，在它还未在邪恶里长大之前就已毁灭了。

离开埃及

102. 后来的事与我们对经文的属灵理解是相符的。因为圣经要求羊羔的身体做我们的食物，它的血涂洒在门上，将百姓与杀长子的灭命者隔开。

103. 那些人吃起这羊羔肉来必然是狼吞虎咽，如饥似渴，不像在宴会上品尝美食的人那样悠闲自得——双手很放松，衣服很宽松，双脚也不显出急于赶路的样子；这里的情形完全不同，他们脚上穿好了鞋，腰上系好了带，手里还拿着赶狗的杖。

104. 在这种情形中，他们所得的肉没有任何精心预备的调料，只要能找到火，把肉烤熟就是美味。客人们饥不择食，狼吞虎咽，一口气把整头牲畜吃完。他们把骨头上可吃的肉都啃得一干二净，但是他们不吃内脏，连碰都不碰。不可把这牲畜的骨头打碎，这是禁忌之一。吃完肉，剩下的东西都用火烧了。

105. 由这一切可见，字句指向某种更高层次的理解，因为律法并没有指示我们怎样吃食。（把食欲种在我们里面的自然本性在这些事上所立的法已经十分充足。）经文的记载其实意指另外的事物。试想，你们怎样吃饭，是这样吃，或那样吃，是系紧皮带吃，还是放松皮带吃，是光着脚吃，还是穿着鞋吃，是把杖拿在手里吃，还是放在一边吃，所有这些与美德和邪恶又有什么关系呢？

106. 显然，这些行路人的装备是从比喻意义上表明的：它明确地盼咐我们要认识到我们的今生是短暂的。我们一出生，这生命的本质就决定了我们要走向死亡，离开此生，所以我们必须为此仔细装备自己的手、脚以及其他一切。

107. 所以，我们必须穿上鞋子，免得我们的脚赤裸没有保护，被今生的荆棘（荆棘就是罪）[118]伤着。[119]鞋子就是自制且一丝不苟的生活，破坏并摧毁荆棘上的刺，防止罪在不知不觉中潜入里面。

108. 人若是想要奋力走完这神圣的旅程，那么飘垂到脚上、碰到脚趾的外衣就会成为他的一大障碍。所以，这外衣可以看做对今生事务的完全享有，对此，明智的理性，就像旅行者的腰带一样尽可能将这件外

---

[118] 见注释26。根据《创世记》3：18，荆棘是罪的一种结果。在格列高利看来，它们就是罪 ——*In inscrip. Ps.* 2. 15, Vol. 5, p. 165, 4 — 7 (MG 44. 596C); *De beat.* 5 (MG 44. 1257A) —— 试探 —— *In Cant.* 4, Vol. 6, p. 115, 11 (MG 44. 841C) —— 魔鬼 —— *In Cant.* Vol. 6, 4, p. 114, 19f. (MG 44. 841B) —— 以及基督所穿戴的有罪的人性 —— 第二卷 26 节；*De perf.* Vol. 8, 1, p. 206, 16ff. (MG 46. 280B — D)。

[119] Philo, *Quaest. Ex.* 1. 19。

衣系紧。而带子所环绕的地方表明，必须把它理解为谨慎。[120]赶狗用的杖是盼望的信息，我们借此支撑疲惫的灵魂，保护自己远离威胁。[121]

109. 经火烧烤后放在我们面前的食物，我称之为热情、炽烈的信心，我们领受这信心却不曾对它有过思索。我们把它狼吞虎咽地吃掉，能吃多少就吃多少，却将隐藏在思想里的教义放在一边，如果不对它全面考察，或者寻求更多的理解，这些思想就会显得晦涩而难懂。我们对这食物没有这样做，只是把它交给了火。

110. 为使这些比喻显得清楚一点，我们要解释一下：对神的命令，凡是可以轻易理解的，我们就不应磨磨蹭蹭地或者缩手缩脚地遵从，而要像那些饥饿难耐的人一样，把放在面前的东西风卷残云般地填进肚子，好叫食物成为我们福祉的保障。但是，那些超出我们理解范围的思想——诸如以下这些问题：神的本质是什么？创造之前有什么存在？可见世界之外是什么？所发生的一切事为什么会发生？以及其他因好奇心驱使所提出的问题[122]——所有这些问题，我们承认只有靠着圣灵才能认识，因为如使徒所说的，圣灵能参透神深奥的事。[123]

111. 凡是在圣经上受过教导的人，必然知道圣经往往并不直接讲"圣灵"，而是常常把它看做并指做"火"。[124]智慧的宣告也引导我们做出这样的理解："凡对你们来说太难无法理解的，就不要试图去理解"，

---

[120] "谨慎"或"节制"（σωφεοσύνη）是柏拉图的重要美德，控制灵魂的欲望部分。这种用法以及格列高利的解释基于有关身体的中间部分的字词的字面含义。见 H. North, *Sophrosyne*：*Self-knowledge and Self-restraint in Greek Literature*（Ithaca，1965）。

[121] 参见《彼得前书》1：13。斐洛 *Quaest. Ex.* 1.19 认为杖"象征王位，是惩罚的工具"，对束腰做了同样的解释。在第二卷 124 节里，杖是信心。把杖喻为盼望出现在 *De virg.* 18, Vol. 8, 1, p. 318, 19 (MG 46.389D)。亦见 Ps. chrys., *Hom. Pas.* 3.11 (Nautin 编辑), SC 36：111。"杖"可能引自《出埃及记》11：7；参见 *Mekilta de Rabbi Ishmael, Tractate Pisha* 7。

[122] 对好猎奇或爱干涉的批判，也就是这里 "πολυπεαγμοσύνη" 的意思，常常出现在格列高利笔下——*In Eccl.* 7, Vol. 5, p. 416, 1ff. (MG 44.732C—D)；*In Cant.* 11, Vol. 6, p. 339, 17 (MG 44.1013C)。关于这一特点，见 Plutarch, *De curiositate*。见注释 196。

[123]《哥林多前书》2：10。

[124] 关于圣灵如火，参见 Cyril, *Jer.*, *cat.* 17.14 和 *De rebapt.* 17："关于火所说的话是指着圣灵说的"。在格列高利，见 *In bapt. Christi* (MG 46.592D)。

这就是说,不要打破圣经的骨头,那些隐藏不露的事,你们没有必要[亲眼目睹]。⑫

埃及的财富

112. 摩西带领百姓出了埃及,凡在这一方面追随摩西脚踪的人,就把听从摩西话语的众人从埃及暴君的手下解救出来。我想,那些追随引导者走向美德的人,不会缺乏埃及的财富,也不会失去外邦人的财富。事实上,他们已经夺得了仇敌的一切财富,所以必然使它为自己所用。这正是摩西吩咐百姓要做的。

113. 人若是对这些话心不在焉,那么当立法者命令穷乏的人去抢劫,从而成为他们作恶的领袖时,就不会接纳他的劝告。我们只要看一看后来的律法,它们从头到尾都禁止人对别人作恶,就不会真的认为立法者吩咐了这样的事,即使在某些人看来,以色列人通过这种方法强行向埃及人索要自己的工钱,似乎也是合情合理的。⑫

114. 然而,我们仍有足够的理由指责;这种合理性不能为有关谎言和欺诈的命令辩护,因为人借了东西不还,就是欺骗。倘若他借了原本不属于自己的东西(不还),那是犯罪,因为这样的行为无异于诈骗;纵然是拿了确实属于自己的东西,仍然可以称他为骗子,因为他误导出借者,使其误以为借去的东西有望得到归还。

115. 因此这里,高尚的意义比字面的含义要更恰当。它要求那些通

---

⑫ 《便西拉智训》3章22、23节。亦见 In Cant. 6, Vol. 6, p. 593, 12ff. (MG 44.901B)。纳西盎的格列高利也提到速速吃食一事, Or. 45.17 (MG 36.645C—D)。这一解释源自 Origen, In Lev. hom. 4.10。

⑫ 以色列人是在争取他们应得的工价,这一解释出现在斐洛《论摩西的生平》1.25.141; Clement Alexandria, Strom. 1.23.157; Irenaeus, Adv. haer. 4.46 (Harvey 2, pp. 248f.); Tertullian, Adv. Marc. 4.24.4。在第一卷29节格列高利提到"借贷的前提条件",但这里他强调唯有属灵意义才是可接受的。

过美德分有自由生活的人,也要用异教的学识之财富——外邦人就是凭借这种财富来美化自己的——来武装自己,走向信心。我们美德上的向导吩咐我们,向埃及人"借"财富的人,要接受[127]诸如道德哲学、自然哲学、几何学、天文学、辩证法等这些教外人所追求的东西,因为当神奥秘的圣所以理性的财富装点自己的时候,这些东西必会有用。[128]

116. 那些为自己积聚这种财富的人,当摩西在建造奥秘的帐棚时,就把这种财富交给他,这样,每个人都是为圣所的建造贡献各自的一份力量。即使是在今天,人们还可见到这种事在发生着。许多人把各自的世俗知识作为礼物带到神的教会里来,伟大的巴西尔就是这样的人,他在年轻时就获取了埃及人的各种财富,然后将这些财富献给神,给教会这真正的帐幕做装饰之用。[129]

云　　柱

117. 让我们回到刚才离题的地方。当那些已经转向美德生活、跟随立法者的人刚刚离开埃及边境,把它的疆土抛在后面,各种试探就以某种方式追随他们而来,给他们带来痛苦、惧怕以及死的威胁。受到这些惊吓之后,那些刚刚确立信心的人就对良善之事丧失了一切盼望。[130]但

---

[127] 从"λαβόντα"到"ὑποδέξασθαι"的变化反映了格列高利的关注点,即在接受异教学识时要有辨别能力。

[128] 亚历山大的克莱门特 Strom. 1.3 把埃及人夏甲解释为世俗文化。"掳掠埃及人"的思想出自 Origen, Ep. ad Greg. Thaum. (MG11.88—89);参见 Augustinus De doct. Christ. 2.40.61 关于拿埃及的掠夺物装饰神殿的论述。关于格列高利这里所利用的对《创世记》44 章的古老的比喻解释,见 H. Fuchs, Die frühchristliche Kirche und die antike Bildung (Antike 5, 1929), p.111; Merki, op. cit., p.93, n.2; B. Altaner, "Augustinus und Irenaeus," Theol. Quartalschrift (1949): 162ff.。关于帐幕见第二卷 170 节以下。

[129] 这一点在 In laud. frat. Bas. (MG 46.789B; 809A) 有详细阐述;参见 Vita S. Greg. Thaum. (MG46.901B—D)。

[130] 关于过红海之前的希伯来人象征初信者的考验时期,见 Origen, In Ex. hom. 5.5。

是，只要有摩西或某位像摩西一样领导百姓的领袖正好与他们同在，他就会鼓励他们克服畏惧，叫他们对神助心存盼望，使他们振作精神，勇往直前。

118. 如果不是这位领袖在心里与神对话，这种恩助是不可能临到的。担当领导职位的人中，有许多只关注外在的表象，对那些唯有神才能看见的隐秘的事，他们几乎一无所知。但是摩西完全不同，在劝告以色列人要鼓起足够的勇气时，摩西的确是在大声呼喊，但是从表面上看来，他并没有向神发出一丁点声音，正如神自己所见证的。我想，圣经是在教导我们，那上升飘进神耳朵里的优雅声音，不是说话器官所发出的哀告，乃是从纯洁的良心发出的深思。⑬

119. 对发现自己处于这些境况的人来说，弟兄对这场大争战所能提供的帮助显然是有限的——我指的是遵照神的吩咐下到埃及时遇到了摩西的那位弟兄，圣经认为他可以位于天使之列。⑫于是就有了神性的显现，它以人所能接受的方式自我显明。⑬经过对道的沉思，我们明白，我们从历史记载中听说的已经发生的事，乃是始终要发生的事。

120. 无论何时，只要人逃离埃及，到了埃及的边界之外，受到各种试探的攻击和威胁，向导都会给他从高处带来难以预料的神奇救恩。无论仇敌及其军队何时包围被追赶的人，向导必为他开通海路。

121. 在这次渡海过程中，云是向导。在我们之前已经有人非常恰当地把云解释为圣灵的恩典⑭，是圣灵把那些相配的人带向至善。⑮凡跟从

---

⑬ 《提摩太前书》1：5。奥利金解释说（*In Ex. hom.* 5.4），神正是借着圣灵听见圣徒们无声的呼喊。见第一卷注释60。

⑫ 见第二卷42节及以下的讨论。格列高利的证明所依据的圣经经文不详。

⑬ 见注释163。

⑭ Origen, *In Ex. hom.* 5.1；Basil, *De Sp. Sanc.* 14.31 (MG 32.124B)；Ambrose, *De sacram.* 1.6；Theodoret, *Q. in Ex.* 27 (MG 80.257A)，有一段话概述《出埃及记》的预表论。

⑮ 圣灵在美德生活中的角色在本文中并不突出，这一不足在 *De inst. Chris.* 里得到修正。"那些配得之人"所得的圣灵的恩赐是格列高利的特点——参见第二卷44节及那里的注释。在 *De inst. Chris.* Vol.8, 1, p.41, 21—24 格列高利谈到"那些渴望攀升到美德的最高顶点的人必须经历训练，以便使他们的灵魂变成能接受圣灵的容器"。

圣灵的，都安全地渡过了海，因为向导为他们铺好了过海的路。这样，他们就能安全地走向自由，而那追赶他们想要给他们捆绑的，全都淹死在海里。

过 红 海

谁听到这个故事，都会意识到这水的奥秘。他与整个敌军一起下到水里，却唯有他一人安然上岸，敌军全都淹没在水里。⑬

122. 试问，谁不知道，埃及军队——那些马匹、车辆、马兵、弓箭手、投掷手、全副武装的士兵，以及敌方的其他战斗成员——就是指奴役人灵魂的各类情欲？⑬ 因为散漫放任的理智驱动和快乐、悲伤、贪婪的感官冲动与上述这支军队没有什么分别。⑬谩骂就是从投掷者手中直接扔出的石头，猛烈的冲动就是抖动着的枪头。那些马匹以自身那难以压制的驱动力拉着马车，从它们身上就可以看到对享乐的欲望。

123. 战车上有三名驾驭者，历史记载上称之为"车兵长或军长"(viziers)。⑬ 由于你们先前已对门框和门楣的奥秘有所了解，现在必定认得这三者就是灵魂的三个组成部分，分别表示理性的、欲望的和激情的部

---

⑬ 遵照《哥林多前书》10：2，过红海成了洗礼的普通记号，参见比如 Tertullian, *De bapt.* 9; Ambrose, *De sacram.* 1.6.20—22; *De mys.* 3.12。见 F. Dölger, "Der Durchzug durch das Rote Meer als Sinnbild der christlichen Taufe," *Antike und Christentum* (1930), 以及 Lundberg, *op. cit.*, pp. 116—145。关于非洗礼解释见 Aubineau, pp. 113f.

⑬ 埃及人的军队代表各种情欲，见 Philo, *Ebr.* 29. 111, 代表魔鬼，见 Tertullian, *De bapt.* 9; Cyril, *Cat. mys.* (MG 33. 1068A—B)。奥利金对此两种解释都有，见 *In Ex. hom.* 5. 7。格列高利在本段采用斐洛的说法，而在别的地方，他解释为魔鬼——*In bapt. Christi* (MG46. 589D)——或者把两者结合起来——*In Cant.* 3, Vol. 6, p. 76, 12—77, 78 (MG 44. 813A—B)。

⑬ 请注意格列高利对灵魂两个低级部分的描述。参见注释 116 及下一节。

⑬ "Τριστάτας"——《出埃及记》14：7, 15：4, 七十士译本。*The Mekilta de Rabbi Ishmael*, *Tractate Beshallah* 2 提出希伯来词 shalishim 的一种解释，认为它指马车上的第三个人。

分，它们完全受制于马车，被它带着前行。⁽¹⁴⁰⁾

124. 于是，所有这一切都与那位把它们引向不归路的以色列人一起冲入了海水。然后那些在水里找到避难所的人，因为有信心的杖在前面带路，有云柱把光照射下来，所以水使他们得生命，而追赶他们的人，水把他们淹没。⁽¹⁴¹⁾

125. 而且，历史还借此告诉我们，他们这些过了海，上岸之后不带走敌军一针一线的人，应该是什么样的人。假如仇敌又跟着他们一同出水上岸，那么他们即使过了海，还一样要受奴役，因为那样的话，就等于说他们所滋养的暴君仍然活着，与他们同在，他们没有把他淹没在深水里。人若是想弄明白这个形象，我们可以阐明如下：那些借着奥秘的水受了洗礼的，必定已把邪恶的全部方阵都治死在水里⁽¹⁴²⁾——诸如贪婪、纵欲、掠夺之心、自负傲慢之情、疯狂的冲动、恼怒、生气、怨恨、嫉妒，等等东西。既然情欲天生就要追随着我们的本性，那么，无论是心灵的卑污活动，还是由此而引发的行为，我们都必须将其治死在水里。⁽¹⁴³⁾

126. 正如在逾越节羊羔（祭品的名字，人用它献祭，它的血就能使他免受一死）的奥秘里吃未发酵的饼一样，即使是现在，律法也吩咐我们在逾越节要吃未发酵的饼（未发酵就意味着没有与陈腐的酵母混

---

⑩ 见注释 116。比照柏拉图在《斐德罗篇》253c 里的描述。格列高利根据具体情形调整他的"心灵学讨论"（psychological discussion）中的细节——Cherniss, *loc. cit*。柏拉图的神话早已被斐洛（*De agr.* 16.73；*De mig. Abrah.* 11.62）、亚历山大的克莱门特（*Strom.* 5.8）、奥利金（*In Ex. hom.* 6.2）与圣经段落联系起来。

⑪ 在早期教会里，洗礼的施行是与信心、圣灵和木头（十字架的血）联系起来的。比如，根据查士丁，重生是借着"水、信心和木头"成就的——*Dial.* 138。进一步考察可见 Everett Ferguson, "Baptismal Motifs in the Ancient Church," *Restoration Quarterly* 7 (1963): 209。杖在前面（第二卷，108）是"盼望"，但从此之后（见第二卷，136）就是"信心"了。摩西的杖在奥利金的 *In Ex. hom.* 5.5 那里是"主的话"，但通常是指十字架，如 4.6 以及 Theodoret, *Q. in Ex.* 27 (MG 80.257A)。

⑫ 我们遵循 Daniélou 的解释。参见 *In Cant.* 3, Vol. 6, p.76, 18ff. (MG 44.813A—D)。

⑬ 亦见第二卷 129 节结尾，*In Cant.* 3, Vol. 6, p.77, 4ff. (MG 44.813B)；*Or. cat.* 40 (MG 45.101B—104C)。格列高利强调必然与洗礼相伴随的皈依。

合）。⑭借此，律法也叫我们明白，此后的生命不可沾染一丁点邪恶的残余物。相反，经历了这些事之后，我们要开创一种全新的生活，⑮洗心革面，彻底改变，转向美善之物。⑯因而这里他也指出，我们把整个埃及人（也就是邪恶的一切样式）⑰淹没在救人的洗礼里之后，唯有我们自己出水上岸，不能将任何异类的东西带到我们随后的生命中去。我们从历史记载中所听到的，乃是说，在同样的水里，仇敌和朋友借着死与生彼此区分开来，仇敌毁灭了，朋友得了生命。

127. 那些领受神秘洗礼的人中，有许多不顾律法的诫命，把旧生命的陈腐酵母与新生命混合在一起。甚至在过了水之后，还带着埃及军队随同，让这些军兵仍然活在他们的所作所为之中。

128. 举个例子说，有人凭着偷盗或作恶致了富，因着假见证或与某个女子通奸得了财产，或者干了其他就是在领受洗礼恩赐之前也被禁止的与生命相悖的事，这样的人，即使受了洗，是否还会认为自己可以继续享有那些已经成为他的附属部分的恶物⑱，还没有摆脱罪的捆绑，仿佛不明白他已在严厉主人的轭下？

129. 对受奴役的理性来说，放纵的情欲就是它残暴而狂怒的主人，用各种享乐来折磨它，似乎它们是鞭子。贪婪也是这样的一个主人，它从不让受奴役者有丝毫松懈，即使被奴役者照着主人的命令劳累受苦，为主人挣来他所欲求的东西，他还是不断地催促奴仆去获取更多的东西。邪恶所行的其他种种事，都是一个个这样的暴君和主人。人若是仍然事奉他们，那么即使他碰巧过了海，出了水，在我看来，他根本没有触及那具有毁灭罪恶暴君之功效的奥秘之水。

---

⑭ 《哥林多前书》5：7 及以下。见 Justin, *Dial*. 14.3，因为酵母被解释为行恶事。
⑮ 在这个段落里，"βίος" 指属地的生活，"ζωή" 指属灵的生活，格列高利对此做了通常的区分，但并没有一以贯之地遵守——见 ACW 18：191，n.96。
⑯ Daniélou, "*Akolouthia*," *Rev. Sc. Rel.* 27（1953）：233。
⑰ 参见《帖撒罗尼迦前书》5：22。
⑱ 柏拉图《蒂迈欧篇》86de；Sophocles, *OC* 1198；参见 *Or. cat.* 40（MG 45.101D）。

旷野中的最初停靠地

130. 我们接着看下文。如我们所解释的，那过了海并看见埃及人淹死在海里的人，不再只是将摩西看做美德的持杖者（staff – bearer），而是如前面所说的开始相信神，甚至还如圣经所说的，开始顺服神的仆人摩西了。⁽¹⁴⁹⁾我们看到如今这样的事也在发生着，那些真正过了水，献身于神，顺服于——如使徒所说的——那些事奉神的祭司⁽¹⁵⁰⁾的人，就是这样做的人。

131. 他们过了海之后，又赶了三天的路，这期间他们在一个地方安了营，他们发现那里的水很苦，根本不能喝。但是把木头浸入水中之后，这水就变得清凉解渴，适合饮用了。

132. 历史与现实是相符的。因为人若是抛弃了他在过海之前所沉迷的埃及人的享乐，那么没有了这些享乐的生活对他来说，起初似乎是比较困难，不太适应的，但是，只要向水里扔一块木头，也就是说，只要人能领受复活的奥秘，它是以木头作为开端的（你们听到"木头"，当然明白这就是"十字架"），那么，美德生活就因对将来之事的盼望而变得甜美，这种甜美比感官享乐所获得的甜美更好，更令人愉悦。⁽¹⁵¹⁾

133. 旅途的下一个停靠地长满了棕榈树，布满了泉水，使旅行者得

⁽¹⁴⁹⁾ 《出埃及记》14：31。
⁽¹⁵⁰⁾ 显然是指《希伯来书》13：17。
⁽¹⁵¹⁾ 使水变甜的木头在斐洛那里已是对不朽的盼望——*De migr.* 8. 36 – 37。关于木头就是十字架，见 Justin, *Dial.* 86，包含一系列木头和水（十字架和洗礼）预表的段落（见 Everett Ferguson, "The Typology of Baptism in the Early Church," Restoration Quarterly 8 [1965]：44），还可参见 Cyril Jer., *Cat. Lect.* 13. 20。阿夫拉特，*Demons.* 21. 10 把使我们的苦变甜的十字架比作使水变甜的木头。大家都知道格列高利对水做洗礼解释——*Adv. eos qui diff. bapt.* (MG 46. 420D) ——但这里没有论述；参见 Tertullian, *Adv. Jud.* 13. 12；*De bapt.* 9；Ambrose, *De mys.* 3. 14。奥利金说，律法是苦的，但基督的木头已经表明该如何理解它，及如何使它变甜——*In Ex. hom.* 7. 1 – 2。

到了很好的休整。那里有十二股泉水，泉里的水非常纯净甜美，七十棵高大的棕榈树，经过多年生长，华冠已经高耸入云。当我们跟着历史的脚步走到这些事物面前时，从中发现了什么呢？是木头的奥秘，它使美德的水变得清凉解渴，引着我们走向那十二股泉水和七十棵棕榈树，也就是引向福音的教训。

134. 这十二股泉水就是十二使徒，主把他们拣选出来担当这样的任务，并借着他们使他的道像泉水涌出，传遍天下。众先知之一预言了恩典要从使徒中涌现，因为他曾说："从以色列源头而来的，当在各会中称颂主上帝"。[152]七十棵棕榈树应当就是除了十二使徒之外的那些被指派到世界各地传福音的使徒；这些使徒的数量，与历史所记载的棕榈树的数目相同。[153]

135. 不过，我想我们应当加快对经文的浏览速度，只略做评注，使那些比较勤勉的人在沉思其余营地时更容易些就可以了。[154]人跟随着云柱经过各个营地，获得休整，然后继续赶路，可以说，这些地方就代表了各种美德。我们把中间的安营之地一笔带过，需要注意的是磐石的神迹，当磐石的坚硬被水的柔软融化之后，它的坚硬本质就发生变化，流出水来，让口渴的人饮用。

---

[152] 《诗篇》68：26。

[153] 斐洛《论摩西的生平》1.34.188 把十二股泉水比作十二支派，把七十棵棕榈树比作七十个国家的首领。*Mekilta de Rabbi Ishmael*，*Tractate Vayassa*'2 认为十二股泉水等同于十二支派，而七十棵棕榈树则是七十位长老；"在水边安营"就是沉醉于妥拉的话，稍前（第 1 节）说，在未到玛拉之前缺水这一情节被"寓意解经家"解释为百姓没有找到妥拉的话。查士丁从洗礼意义上解释泉水（*Dial*. 86），但在爱任纽 *Proof* 46（ACW：77f.）那里，十二泉水就是十二使徒的教训，七十棵棕榈树在德尔图良看来（*Adv. Marc.* 4.24）是七十门徒；参见 Origen, *In Ex. hom.* 7.3。*Daniélou, From Shadows to Reality*（London, 1960），pp. 172 — 174 发现，这在基督教里比洗礼意义上的解释更为普遍。格列高利在这里暗示《路加福音》10：1（MSS.）的棕榈树是七十二棵，这表明在教父引用我们这节经文中的棕榈树时有七十与七十二之间的变异。我们知道，旧约希腊本是由七十二位译者所译，但以"七十士"闻名。《民数记》11：16 说有七十位长老，但后来的古犹太国最高法院及参议院（Sanhedrin）和 Beth-din 的人数取决于是否把大祭司包括在内（*Mishna*，*Sanhedrin* 1.6）。巴比伦的塔木德（*Sanh*. 16b — 17a）思考了七十与七十二之间的问题。关于这一问题请参见 Bruce Metzger, "Seventy or Seventy-Two Disciples," *Historical and Literary Studies*，*Pagan*，*Jewish*，*and Christian*（Leiden, 1968），pp. 67 — 76。

[154] 奥利金在他的 *In Num. hom.* 27 里详述了安营之地的意义。

136. 将历史事件与属灵的沉思协调起来,这并不难。㊟人如果把埃及人抛在后面,让他们死在水里,又借着木头变得甜美,在使徒的泉水里喜乐,借着棕榈的树荫得到休息,那么这样的人就已经有能力领受神了。因为,如使徒所说的,"那磐石就是基督"㊟,对不信主的人,它毫无水分,㊟干燥坚硬,但是只要人使用信心之杖,他就流出水来,叫口渴者饮用,并流进那些接纳他的人心里,因为他说:我和我父"要到他那里去,与他同住"。㊟

吗 哪

137. 还有一件事我们也不可一笔带过,不加思考。追求美德的人渡过了海,苦水为他们变成了甜水,安营之地的泉水和棕榈树使他们恢复精力,磐石有水流出供他们喝,经过这种种事件之后,他们从埃及带出来的粮食也几乎消耗殆尽了。㊟当他们把在埃及所存的异族食物全部用完之后,天上就有食物降下来,这些食物对各人既是一样的,同时又各不相同。从外表看,食物是一样的,但在本质上却是不同的,因为它与各人不同的需求相一致。

138. 我们能从中学到什么呢?我们知道了人应当借着怎样的洁净除

㊟ 见第二卷 153 节。
㊟ 《哥林多前书》10:4。见第一卷注释 110。在斐洛那里(*Quod. det. pot.* 31),磐石流出的水就是智慧(逻各斯)。在爱任纽 *Proof* 46 (ACW:77f.) 那里,磐石流出的水就是众使徒的教训,而在阿夫拉特,*Demons.* 21.10 看来,它尤其是指彼得的教训。奥利金认为突出的磐石就是神发出的道,但请注意,基督在十字架上受鞭打,使新约的泉水从自己身上流出来——*In Ex. hom.* 11.1。值得注意的是,格列高利将他的注意力放在对圣经的解释上,这是他后期作品的一个特点——参见 Jaeger, *Two Rediscovered Works*, pp. 120ff.。
㊟ 我们把"ἄνιϰμος"译为"没有水分",区别于其他译者把它译为"难以接近"。关于"无水分"见 Aristotle, *Probl.* 906b 19; Plutarch, *De primo frigido* 951B。
㊟ 《约翰福音》14:23。
㊟ 《出埃及记》16:2 以下。

去自己身上埃及的痕迹以及异族的生活，从而把他灵魂之袋里埃及人所预备的一切邪恶食物全部清空。这样，他就能在自身里以纯洁的灵魂领受那从天上降下来的，而不是在耕地里撒种生长出来的食粮。没有经过麦子的播种、成熟，现成的饼就从天上落下，撒在地上。

139. 你无疑能从这历史的形象中认识到真正的食粮：从天上降下来的粮[160]不是某种无形的东西。试想，若是无形的东西，又怎能作为食物拿来吃呢？这种食粮，既不是耕作而来，也不是播种而来，地上没有发生任何变化，却发现已撒满这些神圣的粮，饥者得以分而食之。这一神迹预言了童贞女的奥秘。[161]

140. 这样说来，这并非从地里长出来的粮就是道。他使自己的权能变为各种不同的样式，以适应那些吃粮的人。[162]他知道不仅要成为饼，也要变为奶、肉、蔬菜，等等，总之，接纳他的人想要吃什么，适合吃什么，他就要变作相应样式的粮。[163]为我们摆下这样一桌宴席的圣使徒保罗就是这样教训我们的，——对长大成人的，就使他的信息变为干粮；对软弱的，就变为菜蔬；对婴孩，则变为奶。[164]

141. 历史所记载的与那种食粮相关的神迹奇事，无论哪一件，都是关于美德生活的教训。因为经上说，每个人都同等地分得食物。那些收粮的人的力量是大是小并没有关系，每个人所得的食物不多不少，正合

---

[160] 《约翰福音》6：51。关于已经为斐洛和《约翰福音》使用的注经传统，见 Peder Borgen, *Bread from Heaven* (*Novum Testamentum Supplement* 10, 1965)。

[161] 斐洛在吗哪里看到了神道的预表（*Quis. rer. div.* 15.79；*Quod. det.* 31.118）。格列高利这里看见的是童贞女所生的肉身之道的另一预表；参见奥利金 *In Ex. hom.* 7.8。我们可以回想爱任纽 *Adv. haer.* 3.30 (Harvey, 2, p.120) 讲到的从原始的土地里生出亚当以比喻童女生育。救世神学把基督解释为粮，"生面团结出的初果"，可见于 *In Cant.* 14. Vol. 5, p. 427, 20ff. (MG 44.1085B－C)。

[162] 《所罗门智训》16：21。

[163] 吗哪根据吃的人的口味变换味道，这种传说在《所罗门智训》16：20 里被提到，在犹太哈加达里也时时出现——参见 *Midrash Rabbah*, *Exodus* 5.9, 25.3；*Mekilta de Rabbi Ishmael*, *Tractate Vayassa'5*；*Tractate Amalek* 3。根据巴西尔，斐洛也提到这种传统，*Ep.* 190.3 (MG 32.700C)。奥利金从《罗马书》14：2 的角度思考这一传统（*In Ex. hom.* 7.8）。在格列高利，参见 *In Eccl.* 8, Vol. 5, p.423, 4ff. (MG 44.740A)。神启示的语言根据我们的理解能力作相应调整，关于这一思想的阐述在 *C. Eun.* II. 242, Vol. 1, p. 297, 2ff. (MG 45.992C－D) 中。

[164] 《希伯来书》5：12 以下；《罗马书》14：1 以下；《哥林多前书》3：2。

他的需要。这是普遍适用的劝告，至少在我看来如此：那些靠物质资料维持生计的人，不可超过自己所需的量，并且应当真正明白，衡量众人进食量的一个自然标准就是：每个人只能吃自己一天所能享用的量。

142. 即使所供给的要远远多于所需要的，如果超过肠胃应承受的量，或者由于对所供之物贪得无厌而扩大进食标准，那就不符合肠胃的本性了。但是，正如历史所说的，多收的也没有余（因为他没有地方可贮存多出的部分），少收的也没有缺（因为他的需求根据所得到的量而减少）。

143. 在这样的描述中，圣经是以某种方式向贪婪者大声疾呼：那些总是贮藏多余物的人，他们的贪得无厌就变成了虫子。凡因这种贪欲而求得的超过需要的一切东西，第二天——就是在将来的生命里——就向贮藏的人变成虫子。人只要听到"虫子"，必能认识到这是指那靠贪婪存活的不死的虫子。⑯

144. 唯有在安息日，所贮存的东西可继续食用，不会有任何腐坏。这个事实包含了以下意义：人的一生中有一个时候必定是贪心的——就是当所收的东西不再败坏的时候。这样，当我们度过今生的预备，死后获得了安息之后，它必定成为有益于我们的东西。安息日的前一天叫做安息预备日。这一天应当就是指今生，在这期间，我们为自己的来生做好预备。⑯

145. 我们今生所做的事，在来生一样也不做了——没有耕作，没有买卖，没有兵役，我们今生所追求的一切，全都没有。但是摆脱所有这些工作，过上完全安闲的生活，我们就收获了播种在今生的种子所结出

---

⑯ 《马可福音》9：48（《以赛亚书》66：24）。
⑯ 把作为今生的六天与作为永生的安息日比照，出自 Origen, *In Ex. hom.* 7.5 – 6。在某种普遍的意义上，它是古已有之——Irenaeus, *Adv. haer.* 4.27.1 (Harvey, 2, p.190)。关于星期的基督教预表论根植于启示性的亚历山大的犹太教，统一在《巴拿巴书》15：5。在别处，格列高利认为七天就是今生的时间，而"第八"天是来世——参见 *In inscrip. Ps.* 2.5, Vol. 5, p. 83, 21 – 84, 13 (MG 44. 504D – 505A)；*In sex. Ps.* Vol. 5, 188, 14 – 189, 29 (MG 44.609B – 612B)。这后一种比照在古代教会里更为普遍——见 Daniélou, *The Bible and the Liturgy* (Notre Dame, 1956), pp. 255 – 286。

的果子，有的是不朽坏的——如果生命的种子是良种；有的是致命的、毁灭的——如果今生的耕作在我们里面长出的是败坏。"因为顺着圣灵撒种的，必从圣灵收永生；顺着情欲撒种的，必从情欲收败坏。"⑯⁷

146. 为美善之物所做的准备，称为预备是完全恰当的，也必定符合律法的规定。这期间贮存的东西都是不朽坏的。而被视为与之相反的东西，既不是预备，也不会称之为预备。因为凡有理性的，谁也不会把善的缺乏称为预备，倒是应称之为预备的缺乏。所以，历史为人们规定了为美善之物做准备的预备日，至于它的对立面，就略去没说，留给智者去领会。

与亚玛力人争战

147. 正如在征兵中，军队的统治者先提供资金，然后发出作战的信号。同样地，美德的战士先是领受了奥秘的资金，然后在摩西的继承者约书亚的带领下挥刀上阵，对敌作战。

148. 你是否注意到圣经接下来所记载的事件？人只要还非常软弱，无法摆脱恶王的虐待，他就无法靠自己的力量抵挡仇敌，因为他不具备那个能力。所以，得另外有人替这软弱者争战，一拳一拳地击打敌人。当人摆脱了压迫者的捆绑获得自由，借着木头变得甜美，在棕榈树丛的安营之处消除疲累，恢复精力，进而认识磐石的奥秘，分有天上的食物，这一切之后，他就再也不需要靠别人之手来对付仇敌了。因为他已经长大成人，不再是孩子的身量，他已拥有旺盛的精力，完全可以自己抵挡仇敌，再也不需要神的仆人摩西来做统帅，而是直接把摩西的主人神本身作为最高领袖。因为律法从一开始就是作为将来之事的预表和影

---

⑯⁷ 《加拉太书》6：8。

子而立的，⁽¹⁶⁸⁾它仍然不适合在真实冲突中作战。但是律法的成全者和摩西的继承者成了最高统帅；他与先前的统帅同名，所以这名字就预先对他做了宣告。⁽¹⁶⁹⁾

149. 百姓只要看见他们的立法者举起双手，就在争战中打败仇敌，若是看见那手无力地下垂，就被仇敌打败。摩西将双手高高举起，这表示对律法有高深的见解，他任双手垂下，则表示对律法做出卑琐、低级的字面解释，并在这个意义上遵守律法。

150. 祭司举起摩西发沉的双手，让他家族的一名成员来做帮手。⁽¹⁷⁰⁾这件事也不是在沉思之事的范围之外。因为真正的祭司通过与之联合的神的道，把那因为犹太人理解上的笨拙而降落到地上的律法的威力又重新高高举起。祭司把一块石头垫在地上，以支撑降落的律法，这样，律法就呈现出双手张开的形象，向那些仰望律法的人展现出它自己的目标。

151. 确实，对那些有眼能看的人来说，律法对十字架的奥秘做了特别的沉思。⁽¹⁷¹⁾因此，福音书某处说，"律法的一点、一划也不能废去"⁽¹⁷²⁾，

⁽¹⁶⁸⁾ 参见《希伯来书》8：5。

⁽¹⁶⁹⁾ 约书亚和耶稣这两个名字在希腊语里是同一个词，因此约书亚是耶稣的一个传统预表（《巴拿巴书》12：8）。斐洛早已指出，"'约书亚'要解释为'救赎'"（*Quaest. Ex.* 2.43）。摩西和旧约与约书亚和新约之间的对立，见 Justin, *Dial.* 113，75，Irenaeus, *Proof* 27，46，这一对立在奥利金 *In Jes. hom.* 12 那里具有重要地位。

⁽¹⁷⁰⁾ 亚伦的帮手是户珥（Hur），并非他家里的成员。*Mekilta de Rabbi Ishmael*，*Tractate Amalek* 1 认为摩西祷告的效果并非摩西在神面前的功绩，而是百姓的信心：当双手高举，百姓就在妥拉的话里坚固，当双手垂下，这意味着以色列要降低他们对妥拉的热忱。鉴于以下句子里的预表论，必须注意，*Mekilta* 里这一段落已经将摩西伸出对抗亚玛力的双手与铜蛇联系起来（见第二卷，273f.）。富有特点的是，拉比在《出埃及记》里看为律法预表的地方，基督徒都看为基督的预表——J. Bonsirven, *Palestinian Judaism in the Time of Jesus Christ* (New York, 1964), p. 79。

⁽¹⁷¹⁾ 把圣经做属灵意义上的应用（参见前一注释里引用的拉比的解释和 Philo, *Leg. alleg.* 3.66.186）是奥利金所擅长的（*In Ex. hom.* 11.4）。事实上，奥利金对这一事件做了好几种不同的解释——Hanson, *op. cit.*, p. 252。摩西伸出的双手是十字架的普遍预表——《巴拿巴书》12；2；Justin, *Dial.* 91；112，131；Irenaeus, *Proof* 46；*Sibylline Oracles* 8：250 – 253；Tertullian, *Adv. Marc.* 3. 18；*Adv. Jud.* 10. 10；Cyprian, *Ad Fort.* 8；Jerome, *Ep.* 60. 17；Aphraates, *Demons.* 20. 10。见 Daniélou, *The Theology of Jewish Christianit* (London, 1964), pp. 270ff.。这是格列高利笔下关于十字架的几种传统形象之一——参见 *In Christi res.* (MG 46.601D)。

⁽¹⁷²⁾ 《马太福音》5：18，不是逐字逐句地引用。

这句话指出了构造十字架样式的横线和纵线。⑬摩西被认为处在律法的位置上，在他身上所看见的东西，被指定为那些仰望它的人取胜的原因和标杆。

神圣知识之山

152. 圣经又引导我们向上领会更高层次的美德。因为人从食物得了力气，在与仇敌的争战中显示了自己的力量，最终胜过对手之后，就被引导走向难以言喻的神的知识。⑭圣经通过这些事教导我们，人在有生之年必须完成什么性质、多少数量的事情之后，到了某个时候，他才有胆量在智力上走近那座山，领受神的知识，聆听号角的声音，进入神所在的幽暗之中，在法版上刻写神的话语，即使这些法版因为某种罪过被打碎，还要把手制的石版呈给神，用神的手指刻上原先法版上损毁了的文字。

153. 接下来，根据历史记载的顺序，尽可能使所获得的认识与属灵意义统一起来。⑮无论是谁，只要他仰望摩西和云柱——这两者都是追求美德之人的向导（摩西在这里应代表律法训导，而引路的云柱则是对律法的准确理解）；只要渡过海水，得了洁净，治异族于死地，将自己与他们完全分开；还品尝了玛拉的水（也就是远离各种享乐的生活），这水虽然刚开始时尝起来苦涩难咽，但接受了木头的人喝起来却甘甜清口；又对棕榈树和泉水的美（这就是那些传讲福音，充满了活水也即磐石的人）喜乐不已；又领受了天上的粮；又成了争战外邦人的人，立法者为

---

⑬ Iota（i）与 tittle（一横）合起来构成一个 T，十字架的形状。关于参考书目见 Hugo Rahner, "Antenna Crucis," 5 "Das mystische Tau," *Zeitschrift für Katholische Theologie* 75（1953）：385－410。例如 *Didasc. Apost.* 26.49（Connolly, p.218）。格列高利常常对《马太福音》5：18 做这样的解释——*In Christi res.* 1（MG 46.624D－625A）；*C. Eun.* 3.3.40, Vol.2, p.121（MG 45.696B－C）。

⑭ 关于 theognosia 见 Louis Bouyer, *The Spirituality of the New Testament and the Fathers*（Paris, 1960）, pp.362－365; Daniélou, *Platonisme...* 189f.。

⑮ 见第二卷 136 节。

他伸出双手，使他得胜，这双手预示了十字架的奥秘——那么，正是这样的人接下来要进一步沉思神超然的本性。

154. 通向这种知识的路就是他的洁净，不仅身体洒上净水，得了洁净，而且衣服也要用水洗去每一点污渍。[176]这意味着要开始沉思神（Being）[177]的人必须在一切事上都是洁净的，在灵魂和身体两部分上都要洗净每一点污秽，以便在那洞悉一切隐秘之事的神面前也显得纯洁，也使外在的敬虔完全对应于灵魂的内在状态。[178]

155. 因此，神命令他在上山之前要清洗衣服，衣服在比喻意义上为我们显明生活的外在方面。谁也不能说，衣服上的一个污点就能阻碍那些走向神的人的前行步伐，但我想生活中的外在追求可以恰当地称为"衣服"。

156. 这事完成之后，非理性动物也被赶走，尽可能离山远一点，然后摩西开始升向高深的知识。任何非理性动物都不可出现在山上，这一点在我看来就表明了我们在沉思可理知对象时必须超越由感官所产生的知识。[179]因为非理性动物的特点是，它们完全由感官支配，与智性分离。它们的视觉和听觉常常引导它们走向刺激它们欲望的东西。另外，其他一切使感觉变得活跃的事物都在非理性动物中担当重要的角色。

157. 对神的沉思不是靠视觉和听觉，也不是靠心里任何惯常的概念就能领会的。因为它"是眼睛未曾看见，耳朵未曾听见"的，也不属于

---

[176] 《出埃及记》19：10。

[177] "对存有（神）的沉思"（theoria）这个表述在奥利金那里经常出现。见 Völker, *Das Vollkommenheitsideal des Origenes* (Tübingen, 1931), p.93。"存有"的异体写法"可理知者"（intelligibles）出现在第二卷156节。介于"存有"与"可理知者"之间的同样异体出现在第二卷169节，我们译为"对实在的沉思"。参见第二卷157节"对神的沉思"。进一步见注释179。

[178] Philo, *Quaest. Ex.* 1.2。参见 *In Cant.* 1, Vol. 6, p.25, 10ff. (MG 44.773A); 3, Vol.6, p.71, 8ff. (MG 44.809A)。

[179] 我们用"可理知者"来翻译"τὰ νοητά"，在柏拉图传统中，这个词表示唯有心灵和理性才能领会的实在，对它的理解产生科学知识（ἐπιστήμη）。基于柏拉图《斐德罗篇》247CD 和《蒂迈欧篇》27D－28A，这种对哲学知识的理解已经被阿尔比努（Albinus）用于神的知识。参见 *Didask.* II, 2; III, 5; IV, 6 Louis。关于早期基督教对这些柏拉图主义的范畴的转用，见 Abraham J. Malherbe, "The Structure of Athenagoras, *Supplicatio pro Christianis*," *Vigiliae Christianae* 23 (1969); 尤其是 7ff. 。

通常进入"人心"的那些事。⑱⁰人要靠近最高贵之事的知识，必须首先在他的生活方式中清除一切世俗的、非理性的情感，也必须从他的智性中除去一切从某种先入之见中生发出来的观点，并从与自己伴侣——也就是感觉，可以说，它们与我们的本性结合，就如同它的伴侣——的习以为常的交往中抽身而出。当他完成了所有这些洁净之后，就可以向山上进发。⑱¹

158. 神的知识⑱²实在是一座陡峭无比、难以攀登的山⑱³——大多数人几乎到达不了它的底部。如果你是摩西，你就会升得更高，听到号角的声音，如历史记载所说，⑱⁴你越是向前，这声音就越响。因为对神性的传讲就是真正的号角声，击打耳朵，一开始就非常响亮，到了后面就变得更加响亮。

159. 律法和先知大声吹响关于道成肉身的神圣奥秘，⑱⁵但最初的声音还太弱，不足以震醒悖逆者的耳朵。因而犹太人失职的耳朵没有听到号角的声音。从经文看，随着号角越来越近，声音变得越来越响；最后的声音，通过福音书的讲道传出来，进入了他们的耳朵，因为圣灵借着他的乐器发出更为响亮的回声，使随后的每个发言人的声音振动频率更

---

⑱⁰ 《哥林多前书》2：9；《以赛亚书》64：4。*De beat.* 2 提出与正文同样的意义（MG 44.1209D）。这一段是指神为人存留的恩赐，*De prof. Christ.*，Vol. 8，1，p.142，1f.（MG 46.249C）。
⑱¹ 普罗提诺《九章集》1.6.4。
⑱² "θεολογία" 这里描述对神圣之事的沉思。在希腊神秘主义术语里，这一术语专门指最高层次的沉思。参见 J. Marechal, *Etudes sur la psychologie des mystiques* II (Paris, 1937), p.104, n.1。对这个词的更早使用，见 P. Natorp. "Thema und Disposition der aristotelischen Metaphysik I," *Philosophische Monatshefte* 14（1887/88）：58ff.；A. J. Festugière, *La révelation d'Hermes Trismégiste*. II. *Le Dieu cosmique* (Panis, 1949), pp.598 — 605。早期基督教的使用，见 F. Kattenbusch, "Die Entstehung einer christlicher Theologie. Zur Geschichte der Ausdruck θεολογία, θεολογεῖν, θεολόγος," *Zeitsch. f. Theol. u. Kirche* 2 (1930)：161 — 205。
⑱³ 参见 Jaeger, *Two Rediscovered Works*, p.78 论到在格列高利笔下常常出现的观点：靠近神是艰难无比的攀升过程。参见纳西盎的格列高利 *Or.* 28.2（MG 36.28B — D），论到如摩西那样攀升到山上沉思。
⑱⁴ 《出埃及记》19：19。在这一段落里，"逻各斯"（logos）就是"历史"（historia）。
⑱⁵ "Οἰκονομία" 是表示道成肉身的常用词，见 PGL s. v. J. Reumann, *The Use of Οἰκονομία and Related Terms in Greek Sources to about A. D. 100, as a Background for Patristic Applications*（Ph. D. diss.，University of Pennsylvania, 1957）。在格列高利参见 *Ep.* 3, Vol. 8, 2, p.25, 23（MG 46.1021 C），另外时时出现在 *Or. cat.*。

快。发出圣灵的声音的乐器就是众先知和众使徒,他们的声音,[186]如诗篇作者所说,"它的量带通遍天下,它的言语传到地极。"[187]

160. 众人无法听到从天上来的声音,只有依赖于摩西,让他独自去了解奥秘,然后把他从天上的教导所学到的教义再传授给百姓。在教会里的安排也是这样的:并非众人都致力于对奥秘的领会,而是从他们中间[188]挑选出某些能够听见圣事的人,然后他们充满感激地倾听他的教诲,认为他既然领会了神圣奥秘,那么不论他传授什么,都是可信的。

161. 经上说,"并非都是使徒,并非都是先知"[189],但是如今许多教会并未充分注意到这一点。因为有许多人,在还没有洁净自己的生活方式,生命的衣服上还满是污点,没有洗尽,还只是靠非理性的感官来保护自己的时候,就向圣山进发了。结果,他们被自己的推论之石打死,因为异端观点就是真正砸死邪恶教义的炮制者的石头。[190]

幽 暗

162. 摩西进入幽暗之中,然后看见里面的神,[191]这是什么意思呢?这

---

[186] 把被圣灵感动的人描述为乐器在更早时候就有。参见 Plutarch, *De def. or.* 436F; Philo, *De spec. leg.* 1.9.65; 阿泰那哥拉 (Athenogoras), *Embassy* 9: 1。

[187] 《诗篇》18:5(见和合本 19:4。——中译者注)。

[188] Everett Ferguson, *Ordination in the Ancient Church* (Ph. D. diss., Harvard University, 1959), pp. 236—342 收集了 4 世纪从会众中选择主教的证据。在 *Vit. Greg. Thaum.* (MG 46.933ff.) 里可以看到一则特别生动的记载,带着现代政治运动所有的全部氛围,文中 pp.229—232 译出了相关段落。

[189] 《哥林多前书》12:29(见和合本:"岂都是使徒吗?岂都是先知吗?"——中译者注)。

[190] 见 *In Cant.* 1, Vol. 6, p.26, 4—6 (MG 44.773B)。格列高利还在第二卷 279 节里批判了神职人员的野心。

[191] 《出埃及记》20:21。关于神的超然性,参见 *In Eccl.* 7, Vol.5, p.415, 1ff. (MG 44.732B)。摩西所进入的幽暗代表神最终的不可企及性,这已经出现在亚历山大的克莱门特 *Strom.* 2.2.6; 5.12.78。卡帕多西亚教父在这点上遵循了克莱门特的说法,而不是奥利金——Brooks Otis, "Cappadocians Thought as a Coherent System," DOP 12 (1958): 108。关于格列高利灵性论中的幽暗这一主题见 Daniélou, *Platonisme...* pp.190—199; *Glory to Glory*, pp.26ff.; "Mystique de la ténèbre chez Grégoire de Nysse," *Dictionnaire de Spiritualité* 2; 1872ff.; G. Horn, "Le 'Miroir,' la 'Nuée': Deux manières de voir dieu d'après S. Grégoire de Nysse," *Revue d'ascétique et de mystique* 8 (1927): 113—131。见注释 200。

里所叙述的，看起来似乎与神第一次显现自相矛盾，因为当时神是在光里显现出来的，而这里摩西却要进入幽暗才看见他。[192]但我们不可认为这与我们从灵性意义上思考的事物是不相一致的。其实圣经是借此教导我们，虔敬的知识首先临到那些把它作为光接受的人。因而与虔敬的知识相反的就是黑暗；而当人分有了光之后，就脱离了黑暗。但是，由于心灵在不断进步，当它经过一次更大也更完备的努力之后，终于认识到事实真相，也就是说，它越是深入沉思，就越是清晰地看到神性的所是[193]是不可沉思的。

163. 它把一切可见之物抛在后头，不仅包括感官感知的事物，还有理智自认为看见的事物，[194]一直向更深处渗透[195]，直到借着理智对领悟的渴望[196]，抵达那不可见、不可领会之处，在那里看见了神。这是所求之物的真知识；这种看在于不看，[197]因为那所求的是超越于一切知识的，用不可领会性把自己完全独立起来，就如用某种幽暗隔离开来一

---

[192] 格列高利在这里受到斐洛的启发，*De post. Cain*. 4.12 — 5.16 也有对神的寻求；参见《论摩西的生平》1.28.158；*De mut.* 2，7。同样的教训见于 *In Cant.* 11, Vol. 6, p. 322, 9 (MG 44.1000D)。
[193] 格列高利似乎是说，人越是变得沉着，就越靠近 "theoria"。在这一点上，他仍然是 "περινοία"（见注释51 及第二卷，165），而不是 "ἐν θεωρία"。整个段落反映的是进步主题。
[194] 我们必须抛弃的不只是感觉，还有常规的理智——见 *In Cant.* 6, Vol. 6, p. 183, 2—3 (MG 44.893B) 和 *C. Eun.* 2, Vol. 1, p. 252, 16ff. (MG45.940C—D)，强调不断进步。参见 "超越自我"——*De virg.* 10, Vol. 8, 1, p. 290, 4 (MG 46.316B)；"走出人性"——*Vita Macr*., Vol. 8, 1, p. 390, 7 (MG 46.977B)；"抛弃感官"，或者 "抛弃人性"——*In Cant.* 6, Vol. 6, p. 181, 13 (MG 44.892D)，11, Vol. 6, p. 323, 3 (MG44.1000D)；"高处的眩晕"——*De beat.* 6 (MG 44.1264B—C)；提到保罗的 "第三层天"——*C. Eun.* 3.1.16, Vol. 2, p. 9, 12ff.。见 Daniélou, *Platonisme*... pp. 261—273；Völkker, *Gregor von Nyssa*, pp. 203ff.。
[195] "超越自我" 同时也是一种向内心的深入——*In Cant.* 12, Vol. 6, p. 366, 14ff. (MG 44.1036A)。
[196] 见注释122。这里他对 "polypragmosune" 的肯定以及别处（*C. Eun.* 2.92, Vol. 1, p. 253, 28f.）对它的否定，都说明，亚伯拉罕正是抛弃了 "知识（gnosis）的好奇心" 才信了神，得称为义。
[197] 这是与斐洛 *De post. Cain*. 5.15 非常相近的一个基本主题。真正看见神这一主题将再次出现在第二卷 234 节以下及253 节以下。亦见 *In Eccl.* 7, Vol. 5, p. 411, 13 (MG 44.729A)，关于神必然超越于知识之上的论述。见 Weiswurm, *op. cit.*, p. 216 关于这一段落的一个注释。

样。因而卓越的约翰曾探入发光的幽暗，[198]说："从来没有人看见神"[199]，由此指出，神圣本质的知识不仅是人不可获得的，也是任何一种智性造物不可企及的。[200]

164. 因而，当摩西积累的知识越来越多之后，他就宣称在幽暗里看见了神，也就是说他终于明白，神的本质是在一切知识和沉思之外的，因为经文说："摩西挨近神所在的幽暗之中。"[201]神是什么？如大卫所说，就是"以黑暗为藏身之处"的，[202]大卫也在同样的至圣所对奥秘有了初步了解。[203]

165. 摩西到了那里之后，就有话语教导他先前从黑暗里得知的事，这样，我想，关于这一问题的教义，因为有神的声音作证，于我们就变得更加确定可信了。神的话开始时禁止人把神比作他们所知道的任何事物，[204]

---

[198] 关于这种矛盾修饰法的使用，见 Hans Lewy, *Sobria Ebrietas. Untersuchungen zur Geschichte der antiken Mystik* (Giessen, 1929), pp. 31 n. 1; 41 n. 3。*In Cant.* 11, Vol. 6, p. 324, 10f. (MG 44. 1001B) 论到幽暗中给出的"他的显现的某种含义"。格列高利很喜欢这似非而是的隽语："冷静的陶醉"——*In Cant.* 10, Vol. 6, p. 308, 5ff. (MG 44. 989B—C)，参见斐洛《论摩西的生平》1. 34. 187；"警醒的沉睡"——*In Cant.* 10, Vol. 6, pp. 311—314 (MG 44. 992C—993D)；"毫无激情的炽爱"——*In Cant.* 1, Vol. 6, pp. 23, 9f.；27, 5ff. (MG 44. 772A, 773C—D)；"智慧的愚拙"——*In Cant.* 10, Vol. 6, p. 309, 11—14 (MG 44. 989D)；"静止的运动"——第二卷 243 节；"永生的死"——第二卷 314 节。见Daniélou 的 *Dict. Spirit.* 2；1872—1885；*Platonisme...* pp. 274 ff. 以及 *Glory to Glory*, pp. 34—46；Louis Bouyer, *The Spirituality of the New Testament and the Fathers* (New York, 1960), p. 362. H. Langerbeck, "Zur Interpretation Gregors von Nyssa," *Theol. Literaturzeitung* 82 (1957): 83 反对把这样的程式化表述只看做是修辞用法，并认为它们代表一种相反程式的文体风格的观点，他担心这样的理解会把 "theologia negativa" 降低为一种文体游戏。

[199] 《约翰福音》1: 18。

[200] 他的论点基于《约翰福音》1: 18 的字面含义："no one"，而不是"no man"。根据约翰·克里索斯托 *Hom. de incompr. Dei natura* 6 (MG 48. 725A)，天使自身也不能看见神，神的不可领会性不断重现——*De perf.*, Vol. 8, 1, p. 188 (MG 46. 264D—265A)。这是基于神性的无限性——Weiswurm, *op. cit.*, pp. 154—159。参见 Basil, *Ep.* 234 (MG 32. 868C—872A) 及第一卷注释 84。

[201] 《出埃及记》20: 21。

[202] 《诗篇》17: 12。参见 *In Cant.* 6, Vol. 6, pp. 176—183 (MG 44. 888C—893C) 对这一节的讨论，同样引用《诗篇》的这节经文放在一个关键段落的中间。

[203] 关于"ἄδυτον"见普罗提诺《九章集》6. 9. 11, 25。参见 *De beat.* 7 (MG 44. 1277B)；*De or. dom.* 3 (MG 44. 1149C—1152A)，adyton 就是"心里隐秘之处"；第一卷 46 节及第一卷注释 74。Daniélou, *Platonisme...* pp. 182—189 讨论了这个词。

[204] 《出埃及记》20: 2。

因为每一个来自于可理解的影像，[205]通过对神性大概的理解和猜测而形成的概念，构成的是关于神的偶像，而不能显示神本身。

166. 虔敬的美德分为两部分，一部分是关乎神的，另一部分是关乎义行的（因为纯洁的生活是虔敬的一部分）。[206]摩西先是得知关于神的必须知道的事（那就是，靠人的理智所知道的那些事一样也不可归于神）。然后又得知美德的另一方面，通过不断追求明白了美德生活就是不断走向完全。

167. 这事之后，他来到那非人手所造的帐幕。谁能跟从摩西这样的人呢？他一路上经过这样的地方，把心灵提升到这样的高度，似乎从一个峰顶升到另一个峰顶，不断向高处攀登，不断攀登得比原处更高。首先，他把山脚留在身后，与那些软弱无力、不能攀登的人分道扬镳。然后当他上升到更高之处，就听到号角的声音。由此，他悄然进入神圣知识的至圣所。但他并没有停留在那里，而是继续向前，走向那非人手所造的帐幕。[207]这实在是经过这些攀登所能上升到的极限了。

168. 在我看来，在另一意义上，天上的号角成了那升向非人手所造之物的人的老师。因为诸天的奇妙和谐显明了在被造物中闪耀的智慧，通过那可见之物展示了神的伟大荣耀，就是经上所说的："诸天诉说神的荣耀。"[208]它

---

[205] 见注释51。"圣格列高利使用 'φαντασία' 这个词时，大多数时候并不是指想象的能力，而是指感官在理性原则里引起的影像" —— Weiswurm, *op. cit.*, pp. 107f.。这一哲学用法的例子，参见 B. D. Jackson, *loc. cit.*。再结合第二卷 163 节，可格列高利把第一诫命解释为：对神甚至不可有理智上的表达，因为这种表达归根结底源于感觉经验。关于格列高利对知识的理解，见 H. v. Balthasar, *Présence et Pensée*, pp. 60 — 67。

[206] 这一点并未被前基督教世纪里的希腊人所普遍认可。见 A. D. Nock, *Conversion* (Oxford, 1933), pp. 215ff.。

[207] 《希伯来书》9:11。

[208] 《诗篇》19:1。既然神的本质是不可企及的，他的存在就靠他在世上的作为显明出来 —— *In Cant.* 1, Vol. 6, p. 36, 12ff. (MG 44.781D), 11, Vol. 6, p. 334, 15ff. (MG44.1009D); *De beat.* 6 (MG 44.1268C — 1269A); *C. Eun.* 2, Vol. 1, pp. 256 — 257 (MG 45.944D — 945C); *De inf. qui praem. abr.* (MG 46.181A — C)。见第一卷注释84。这是向神攀升的第一步，异教中的智慧者也可以做到 —— *De beat.* 6 (MG 44.1269D); 亚伯拉罕还在迦勒底 (Chaldaea) 时就采取了这一步 —— *C. Eun.* 2, Vol. 1, p. 252, 24ff. (MG 45.940B)。参见 Philo, *Quaest. Ex.* 2.67, "最清晰、最有先见的心灵接受神 (the Existent One) 的知识和学问不是出于神本身，因为这种知识不可能包含他的伟大，而是出于他主要的执行权能 (chief and ministering powers)。" 见 Cherniss, *op. cit.*, pp. 33 — 49 论到物质世界的知识是第一阶段，最终必须扬弃，以便沉思真实的世界。见 Aubineau, SC 119：185, 和 Endre von Ivánka, "Von Platonismus zur Theorier der Mystik," *Scholastik* 11 (1936)：178 — 185。

变成声音洪亮的号角,讲述清晰而悦耳的教训,如一位先知所说的,"诸天从上面像号角一样大声诉说"。[209]

169. 当人得了洁净之后,他心里的听力就非常敏锐,能听到这种声音(我是说因沉思实在而产生的关于神圣权能的知识);然后这声音引导他的理智滑进了神所在的地方。圣经称之为"幽暗"[210],如我所说的,这表示不可知且不可见的事物。他一到达那里,就看到那非人手所造的帐幕,而对那些身处下面的人,他只能通过某种物质样式把它显示出来。[211]

天上的帐幕

170. 那非人手所造的帐幕在山上向摩西显现,神命令他把它看为原型,好叫他用人手复制那非人手所造的奇妙之物。那么这帐幕是什么呢[212]?神说:"要谨慎作这些物件,都要照着在山上指示你的样式。"[213]金制的柱子由银制的底座支撑,柱顶也用银装饰;还有些柱子的顶和底都用铜铸,但杆子用银制。所有柱体都用不会腐烂的木头[214]做成,但周围闪耀着这些金银珠宝的夺目光彩。

171. 同样,有一个约柜也是由不能腐烂的木头所造,表面用闪闪发亮的精金装饰。另外还有灯台,同一个底台,顶上分成七个支管,每一

---

[209] 《便西拉智训》46 章 17 节,不是根据七十士译本;参见荷马《伊利亚特》21,388。
[210] 《出埃及记》20:21。在 24:15、18,摩西进入"云层"。
[211] 《出埃及记》25—27 章。Philo, *Quaest. Ex.* 2.52, 82。
[212] 帐幕的象征意义在斐洛那里具有重要地位,他主要用自然科学的术语来解释,但带有一定的哲学和心理学色彩——《论摩西的生平》2.15.71—27.140;*Quaest. Ex.* 2.51—106。亦见 Clement Alexandria, *Strom.* 5.6.32—40; Origen, *In Ex. hom.* 9; Justin, *Coh. ad Graecos* (MG 6.296B—C); Gregory Nazianzus, *Or.* 28.37 (MG 36.72A)。《巴拿巴书》16 章只承认属灵的帐幕。*Midrash Rabbah Exodus* 50.5 解释了弥赛亚时代的帐幕。
[213] 《出埃及记》25:40。
[214] 《以赛亚书》40:20 论到不会腐烂的木头。

支管装一个灯。灯台由坚固的金子制成，而不是由木头制成，再镀上金子。还有祭坛、施恩座以及羽翼的影子照在约柜上的所谓的基路伯。[215]所有这些物件都是金制的，不只是表面上镀金，而是里里外外全是金。

172. 再者，有以各种颜色的丝线精致地缝制起来的幔子；这些亮丽彩色的丝线汇集在一起织成美丽的布。幔子把帐幕分成两部分：一部分可以看见，某些祭司可以进去，另一部分则是隐秘不可进的。前一部分的名字叫圣所，隐秘部分则称为至圣所。另外，有水盆、火盆、挂在外院的幔帐，羊毛和染红的兽皮做的幔子，以及他在经文里所描述的其他一切物件。这一切用什么样的语言才能准确描绘呢？

173. 这些是对什么样的非人手所造之物的模仿？以物质方式仿制摩西在那里看到的物件，这对那些看到仿制品的人有什么益处呢？在我看来，关于这些事物的准确含义还是留给那些借着圣灵而有能力参透"神深奥的事"[216]的人，留给那如使徒所说，能够"在心灵里讲说各样的奥秘"[217]的人去探讨。我们通过猜测和假设所阐述的思想也要留给我们的读者去评判。他们的判断力必会做出决定，是应当拒斥，还是应当接受。

174. 保罗对这些事的奥秘有部分揭示，我们以他所说的话为线索，可以做出这样的论断，摩西早已以预表的形式在包围宇宙的帐幕之奥秘上得到指示。这帐幕就是"总为神的能力，神的智慧"的基督[218]，他就自己的本性来说不是人手所造的，但到了必要的时候，这帐幕要在我们中间树立起来的时候，他也能够成为被造的。因而，同一个帐幕在一定意义上既是非造的，也是被造的；它在先在性上是非造的，但就接受了这

---

[215] 《希伯来书》9：5。

[216] 《哥林多前书》2：10。

[217] 《哥林多前书》14：2。格列高利宣称，圣经秘密的"theoria"只属于"那些借着圣灵猜测其奥秘，知道如何在心灵里讲说神圣奥秘的人"——*C. Eun.* 3.1.42, Vol.2, p.18, 11ff. (MG 45.580B)。参见 Origen, *In Ex. hom.* 4.5。

[218] 《哥林多前书》1：24。

种物质结构而言,也是被造的。㉑⁹

175. 对那些已经正确接受我们信心的奥秘的人来说,我们所说的话当然不是含糊不清的。因为万有之中有一样东西既存在于世代之前,又在世代的末了生成。㉒⁰ 它不需要时间上的开端,(在一切时间和世代之前的事物怎会需要一个时间上的起源呢?) 但为了我们之故——因为我们由于自己的疏忽和轻率丧失了存在——它愿意像我们一样出生,以便使那离弃了实在的,重新回到实在之中。这位就是独生的神,他将一切包含在自身之内,同时也把他自己的帐幕搭在我们中间。㉒¹

176. 我们若是把这样的一位神称为"帐幕",爱基督的人不应有丝毫的不安,以为这样的称呼会减损神性的宏伟。事实上,任何其他名称都配不上这样的本性,所有名称一律无法准确描述神性,不论是那些被认为没有意义的,还是那些被认为包含某种伟大见解的。㉒²

177. 然而,正如所有其他名称都与其所指的对象保持一致,每一个都被敬虔地用来表示神的权能——比如,医生、牧羊人、保护者、粮、酒、道路、门、房屋、水、磐石、泉水,以及其他用来描述他的名称——同样,把他称为"帐幕"也是与神所特有的意义和谐一致的。㉒³

㉑⁹ 在斐洛看来,天上的帐幕是关于原型理念的可理知世界 (*Quaest. Ex.* 2. 52, 59, 83),而地上的帐幕就是宇宙 (*Spec. leg.* 1. 12. 66; *Quaest. Ex.* 2. 83)。他把两种帐幕理解为基督里的两种本性,这更有格列高利特点,但仍然是他独有的,这个主题在 4 世纪末引起教会充分注意。Methodius, *Sym.* 5. 7 把帐幕比作教会; *De res.* 1. 14 比作复活的身体。

㉒⁰ 《歌罗西书》1: 17。

㉒¹ 《约翰福音》1: 14。道成肉身被比作房屋——*C. Eun.* 3. 1, Vol. 2, p. 19, 6 — 12 (MG 45. 580D),真帐幕的结构——*In Cant.* 13, Vol. 6, p. 381, 1ff. (MG 44. 1045D) 及 *Ep.* 3, Vol. 8, 2, p. 25, 8ff. (MG 46. 1021c)。*In Nativitatem* (MG 46. 1128 — 1129) 表明帐幕不断显明的步骤: 犹太人的帐幕、道成肉身、洗礼、身体复活。见 Daniélou, *The Bible and the Liturgy*, pp. 333 — 347。

㉒² 直译:"借此某个伟大的概念在理智上产生印象。"关于此思想参见 *De beat.* 2 (MG 44. 1209B),见 Weiswurm, *op. cit.*, p. 182。

㉒³ 基督的名称是教理问答教学的主题——见 Justin, *Dial.* 4; 34; 126; Melito, *Peri Pascha*, pp. 103 — 105; Origen, *Comm. Joh.* 1. 9. 52; Cyril, *Cat. Lect.* 10 (MG 33. 660 — 690); Gregory Nazianzus, *Or.* 1. 6 — 7 (MG 35. 400B — C)。格列高利的论文《论完全》专门讨论了基督的名称。类似的条目见 *In Eccl.* 2, Vol. 5, pp. 298, 10ff. (MG 44. 636B); *De prof. Chris.*, Vol. 8, 1, pp. 134 — 135 (MG 46. 241C — 244B); *Adv. Maced.* 5, Vol. 3, 1, p. 92, 23 — 24 (MG 45. 1305D); *Ref. conf. Eun.* 124, Vol. 2, p. 365, 14ff. (MG 45. 524B); *C. Eun.* 3, 1, 127, Vol. 2, p. 46, 21ff. (MG 45. 609C — D); 3, 8, 9 — 10, Vol. 2, pp. 241, 21 — 242, 8 (MG 45. 829D)。

对于包围宇宙的权能——"神本性一切的丰盛"[224]，都住在它里面——万物共同的保护者，在自身里面包围一切所有的，是完全可以称为"帐幕"的。

178. 所见的对象必须与"帐幕"的名称相对应，[225]这样，所见的每一物都引导人沉思与神相适合的一个观念。伟大的使徒说，低级帐幕的幔子就是基督的身体，[226]我想，因为它是由各种颜色组成，由四种元素构成的。[227]毫无疑问，当他进入高天上的圣所，圣灵将乐园的奥秘向他显明出来的时候，[228]他本人就看见过帐幕。所以，我们要通过对部分诠释的充分注意，使对帐幕的整体沉思与部分诠释统一起来，这才是适当的。

179. 从使徒以下的话里我们可以非常清楚地看到与帐幕相关的形象。他在某处提到独生子——我们已经知道他就是帐幕——说："因为万有都是靠他造的，无论是能看见的、不能看见的，或是有位的、主治的、执政的、掌权的"。[229]然后，闪耀着金银光芒的柱子，装饰的柱顶和铃铛，那些用羽翼罩着约柜的基路伯，以及其他一切包含在所描述的帐幕的结构里的物件——所有这一切，我们若是把视角转向天上的事，就是属天的权能，它们包含在帐幕里，照着神的旨意支撑着宇宙。[230]

180. 这些权能是我们真正的支柱，"奉差遣为那将要承受救恩的人效

---

[224] 《歌罗西书》2：9。关于神渗透并包含宇宙的主题，见 Balás, pp. 116f.。
[225] 在斐洛的 *Plant*. 2. 8－10；*De sacr*. 18. 66－67 中可以看到，他将斯多葛主义中作为宇宙统一原则的"逻各斯"(logos) 概念，与柏拉图主义中作为原型的"逻各斯"概念结合在一起。
[226] 《希伯来书》10：20。
[227] 这种宇宙论解释源于斐洛《论摩西的生平》2. 18. 88；*Quaest. Ex*. 2. 85。亦见约瑟夫《犹太古史》(Josephus, *Ant*.) 3. 7. 183，Origen, *In Ex. hom*. 13. 3 及注释 212 节的参考书目。
[228] 《哥林多后书》12：4。
[229] 《歌罗西书》1：16。关于格列高利对天使的不同层次的划分，见 Balás, *op. cit*., p. 133 参考书目。亦见 Daniélou, *The Angels and their Mission*, pp. 83－94 对天使和灵性生活的论述。
[230] 参见注释 71。属天的帐幕不只是基督的神性，也是天上的世界。但是对格列高利来说，这天上世界不是非人格的理念世界，而是有人格的天使世界。斐洛 (*Quaest. Ex*. 2. 62) 把帐幕里的基路伯等同于神圣权能。对于柏拉图主义就此的变化，见 Balthasar, *op. cit*., pp. xvii－xix。

力"。[230]它们悄无声息地滑过得救者的灵魂,就像滑过铃铛,把那些躺卧在地上的人抬升到美德的高度。经文既说基路伯用自己的羽翼盖在约柜里的奥秘上,就确证了我们对帐幕的沉思。因为我们已经知道,这就是我们看到的神性周围的那些权能的名称,以赛亚和以西结也认识那些权能。[231]

181. 被它们的羽翼遮盖的约柜,你们听来不应感到陌生,因为同样的事还可以在以赛亚书里读到,那里先知用比喻说到羽翼。同样的东西在一个地方,称为约柜,另一个地方称为脸面[232];在一处,约柜被羽翼盖住,另一处,脸面被盖住。可以说,在两个地方认识到的是同一样东西,这让我想到对不可言喻之奥秘的沉思确实是不可思议的。[233]如果你听到许多支灯从一个灯台发出来,使周围充满明亮的光,你就会正确地得出结论说,它们是在这帐幕里闪耀着亮光的圣灵所发出的变化多端的光线。当以赛亚把圣灵的光分成七种时所要说的就是这个意思。[234]

182. 至于施恩座,我想,不需要什么解释,因为当使徒说"神指派他作(我们灵魂的)施恩座"[235]时已经揭示了所隐藏的含义。当我听到祭坛和香炉,我理解这是永远供在这帐幕里的对属天存在者的敬拜。因为他说,不仅那些"在地上的和地底下的",还有那些"在天上的"[236],口舌都称颂那万物之开端。这是神所悦纳的祭,"以颂赞为祭",如使徒所

---

[230] 《希伯来书》1:14。
[231] 《以赛亚书》6:2;《以西结书》5:4;10:1 以下。
[232] 犹太人用"脸面"(Face)作为神的名称。
[233] Philo, Quaest. Ex. 2.65。
[234] 《启示录》4:5 及《撒迦利亚书》4:2 是来源。格列高利引用《以赛亚书》11:1 以下,对古代教会关于圣灵的思想有重大影响。关于这里的用法,参见 Clement Alexandria, Strom. 5.6.35;Paed. 3.2.87。
[235] 《罗马书》3:25(参见和合本此节经文:"神设立耶稣作挽回祭"——中译者注)。为保持一致性,这个翻译没有按照耶路撒冷版圣经的经文。
[236] 《腓立比书》2:10。

说，是祷告的馨香之气。㉘

183. 即使看见染成红色的兽皮和羊毛织品㉙，沉思的顺序也没有因此断裂。因为先知的眼睛既然看到了神圣之物，就必然看见那里所预定的救人的苦难（the saving Passion）。这体现在所提到的两种东西上：红色指向血，毛发指向死。尸体上的毛发没有感觉，因此说它是死的记号是恰当的。

属地的帐幕

184. 每当先知凝望上面的帐幕，他就透过这些符号看见属天的实在。但人若是观看下面的帐幕（因为在许多地方保罗也把教会称为基督㉚），最好认为"使徒、教师和先知"这些名称是指神圣奥秘的那些仆人而言的，圣经也称其为教会的柱石。㉛因为不仅彼得、约翰、雅各是教会的柱石，不仅施洗约翰是"点着的明灯"㉜，凡是支持教会、借着自己的作为成为光的人㉝都称为"柱子"和"灯光"。"你们是世上的光"㉞，主对众使徒说。圣使徒又吩咐其他人成为柱子，说"务要坚固，不可动摇"。㉟当他使提摩太成为"真理的柱石和根基"㊱（如他自己的话所说

㉘ 《希伯来书》13：15；《启示录》5：8。
㉙ 《出埃及记》25：4、5。以下解释整合了第二卷22节的思想，即动物的皮象征死亡。
㉚ 《哥林多前书》12：12；《以弗所书》1：23。帐幕作为教会的预表出现在 Origen, In Ex. hom. 9.3 — 4；Hilary, In Ps. 131.16；Ambrose, Ep. 4. 关于以下部分更为简洁的论述见 In Cant. 2, Vol. 6, p. 44, 16ff. (MG 44.788D). 格列高利预先使用了托名狄奥尼修（Pseudo-Dionysius）的两个层次（two hierarchies）。
㉛ 《哥林多前书》12：28以下；《加拉太书》2：9，不过在下一个句子里格列高利改变了名称的顺序。见 Origen, In Ex. hom. 9.3，以及 Gregory, In Cant. 14, Vol. 6, p. 416, 11ff. (MG 44.1077A)，对《加拉太书》2：9的这一使用，又参见 De beat. 6 (MG 44.1264D) 里"信心的柱石"。
㉜ 《约翰福音》5：35。
㉝ 《腓立比书》2：15。
㉞ 《马太福音》5：14。
㉟ 《哥林多前书》15：58（Douay 译本）。
㊱ 《提摩太前书》3：15（Douay 译本）。

的)，就是使他成为一块优秀的柱石。

185. 在这帐幕里，可以看到晨昏都不断地有赞美的祭和祷告的香献上。伟大的大卫就让我们对这些事有所了解，因为他在甜美之气里向神献上祷告之香，举起他的双手向神献祭。(247)如果听到关于洗礼盆的事，就必定能知道那些用奥秘之水洗去罪之污秽的人。(248)约翰是一个洗礼盆，在约旦河里用悔改的洗礼使人洁净；(249)彼得也是，同时引领三千人在水里受了洗。(250)腓利是干大基（Candace）仆人的洗礼盆，(251)凡是看护恩典的人都是那些分有白白恩赐的人的洗礼盆。

186. 围绕帐幕的相互连接的庭院可以理解为信徒的和睦、爱和平安。大卫就是这样解释它的，他说："他使你境内平安。"(252)

187. 染红的公羊皮和毛发做的顶盖，就是加到帐幕上的装饰物，可以分别理解为对罪身（就是染红的羊皮所表示的）的禁欲和隐修的生活方式。有了这些，教会的帐幕就显得格外美丽。从本性上说，这些皮自身并没有生命力，只是因为染了红色才变得亮丽。这教导我们，人若不首先使自己在罪上死，那借着圣灵而来的丰盈恩典就不可能显明在他们里面。至于圣经是否用染成的红色表示高雅和端庄，我不做定论，谁愿意定论就去定论吧。这编织的毛发制作出的粗糙坚硬的织物，预示着令人不舒服的自制，把习以为常的情欲灭掉。童贞的生活本身就表明了所

---

(247) 《诗篇》141：2（不按照耶路撒冷版圣经）提供了整个句子的措辞，也可见《以弗所书》5：2；《腓立比书》4：18；《出埃及记》29：18；《以西结书》20：41；《提摩太前书》2：8 关于"圣手"的叙述。

(248) 参见 Cyril, *Cat. Lect.* 3.2（MG 33.428B）；以下几章也指耶稣、彼得和约翰的施洗活动。其他地方格列高利用身体的肢体来表述教会里的不同等级——*In Cant.* 7, Vol. 6, pp. 216－224（MG 44. 917B－924D）。

(249) 《马太福音》1：4、5。

(250) 《使徒行传》2：41。

(251) 《使徒行传》8：27 以下。我们的翻译采纳了墨索里罗（Musurillo）的修正。所有的抄本都译为"干大基的洗礼盆"，似乎这是那个埃提阿伯（Ethiopian）银库总管的名字。干大基原是埃提阿伯女王的头衔，但格列高利（如通常那样）把它理解为人的名字。

(252) 《诗篇》147：14（七十士译本第 3 节）。许多 mss. 省略了这个句子。

有这些东西,凡追求这种生活方式的人,它就攻克他们的肉身。㉓

188. 如果说最内层的,也就是被称为至圣所的地方,不是众人所能靠近的,我们不可以为这与我们已经认识的事是相矛盾的。因为关于实在的真理(truth of reality)是真正的圣事,至圣之事,是众人不可领会,也不可靠近的。既然它被置于奥秘之会幕的隐秘而难以言喻的地方,对超越于理解之上的实在就不可胡乱领会;㉔相反,我们应当相信所寻求的确实是存在的,但不是众人所能见的存在,而是存在于智性里秘密的、不可言说的地方。㉕

祭司的服饰

189. 通过帐幕的异象在这些以及其他诸如此类的事上得到教训之后,摩西的心眼也得到了洁净和提升;而当他在祭司的服饰上受到指示时,心眼又上升到其他见识的高度。㉖服饰包括内袍、以弗得、闪烁着由宝石发出的绚丽多彩之光的胸牌,还有头巾和头巾上的金穗、裤子、石榴、铃铛,而最重要的是理性和教义㉗(真理包含在两者里面),两条肩带在两侧连在一起,刻上列祖的名字。

㉓ 《哥林多前书》9:27。注意对修道生活的赞美——见 In Cant. 15, Vol. 6, pp. 451 − 452 (MG 44. 110B − D)。我们记得格列高利写过一篇赞美童贞的文章。奥利金已经在帐幕的顶盖里看到隐修的预表——In Ex. hom. 13. 5——他也引用了《哥林多前书》的此节经文。

㉔ 我们用"领会"来翻译 κατανόησις,"理解"译 κατάληψις。在格列高利看来,"理解"是感官的活动(见第二卷,163),而神在"理解"之外(第二卷,164, 166,参见第二卷,234)。然而,"真理是对真实存有的确定领会(κατανόησις)"(见第二卷,23,参见25),领会实在的是心灵(第二卷,162)。

㉕ 关于"否定神学"的语言(ἄληπτον, ἀπρόσιτον, ἀπό εεητον, ἄυτογ)见 Daniélou, Platonisme... pp. 185f.。

㉖ 哲罗姆 Ep. 64 致力于对祭司服饰的解释。格列高利在 De or. dom. 3 (MG 44.1148D − 1149C)对服饰做出不同的道德上的解释。亚历山大的克莱门特 Strom. 5. 6. 37 − 40 遵循斐洛《论摩西的生平》2. 23. 109 − 27. 140; De spec. leg. 1. 85 − 95 做出宇宙论上的解释,但略略不同于 Quaest. Ex. 2. 107 − 124。

㉗ 或者"乌陵和土明",《利未记》8:8。

190. 正是服饰的这些名称使大多数人无法准确地沉思它们的细节。什么样的衣服可以称为理性、教义或者真理？事实上，这些名称清楚地表明这不是历史上可追溯、可感知的衣服，而是由德性上的追求织成的灵魂的装饰。

191. 内袍的颜色是蓝色。我们之前的一些人对这段话沉思之后说，这颜色表示空气。㉘就我来说，我无法准确地断定这样一种颜色是否与空气的颜色有什么共同之处。然而，我并不拒斥这种解释。这种理解确实引向对美德的沉思，因为它要求人若是成为神的祭司，也得把自己的身体献在坛上做祭，不是做死祭，而是做活祭，做理性的事奉。㉙他不可给自己的灵魂穿上沉重的、属肉体的生命之衣，而要洁净生命，使生活中的一切追求如蛛丝一样轻盈。我们应当重新编织这身体的本性，使它接近于那上升的、轻盈的、像空气一样的东西，好叫我们一旦听到最后的号角，就能毫无负担地、轻松地回应那呼召我们的神的声音。于是，我们就借着空气升到高处，与主相遇，㉚不再被沉重的东西拽到地上。人若是遵守诗篇作者的劝告，像虫子噬咬自己的灵魂㉛，就穿上了那从头垂到脚的轻盈内袍，因为律法不希望美德被剪裁。㉜

192. 金铃与石榴相间代表美好的善工。它们是获得美德的两种追求，即对神的信心和对生命的良心。伟大的保罗把这些石榴和铃铛加到

㉘ 《所罗门智训》18 章 24 节。斐洛《论摩西的生平》2. 24. 118 阐述了这一比喻；*Quaest. Ex.* 2. 117。参见 Clement Alexandria, *Strom.* 5. 6. 32。

㉙ 《罗马书》12；1（对 Douay 译文有改动）。

㉚ 《帖撒罗尼迦前书》4；17。在 *De an. et res.* (MG 46. 108A) 和 *De Mel. epis.* (MG 46. 861B) 里，肉身的衣服，皮制的服饰，象征着肉身的生命，在某种末世论意义上与像空气一样轻盈的内袍相反。这里，轻盈意指美德生活。在 *De beat.* 2 (MG 44. 1212C) 和 *De or. dom.* 4 (MG 44. 1165D) 里也同样引用了《帖撒罗尼迦前书》4；17；参见 *De beat.* 1 (MG 44. 1208B)。格列高利在 *Ep.* 3. 2, Vol. 8，2, p. 20, 19 (MG 46. 1016C) 引用《斐德罗篇》246C 论到复活就是变得像云一样轻盈。

㉛ 《诗篇》39；11，有改动。

㉜ 必须拥有所有美德，这是格列高利的一个主题——*De virg.* 16, Vol. 8, 1, pp. 313 – 316 (MG 46. 385B – 388B)——源于 Basil (David Amand, L'ascèse monastique de Saint Basile [Maredsous, 1949], p. 171)。参见 Jaeger, *Two Rediscovered Works*, pp. 128ff., E. G. Konstantinou, *Die Tugendlehre Gregors von Nyssa im Verhältnis zu der Antike Philosophischen und Judisch-Christlichen Tradition* (Würzburg, 1966), pp. 120 – 124。

提摩太的衣服上,说,他当"常存信心和无亏的良心"。㉓所以,在传讲圣三一论时让信心发出纯洁而洪亮的声音,让生命效仿石榴果子的本性。㉔

193. 因为石榴包着一层坚硬而酸涩的外壳,它的外面是不能食用的,但里面齐整有序的颗粒却悦人眼目,吃起来就更是味道鲜美了。沉思的生活虽然从外表看显得艰辛,令人不悦,然而一旦成熟,就满有美好的盼望。因为我们的园丁要在适当的时候打开生命的石榴,显明隐藏的美,到那时,那些分有自己果实的人必能享受甜美。圣使徒就在某处说过,"凡管教的事,当时不觉得快乐,反觉得愁苦,后来却为那经练过的人结出平安的果子,就是义。"㉕这就是内在营养的甜美。

194. 圣经吩咐这内衣要饰上穗子。㉖内衣的穗子是一圈悬饰,没有别的目的,纯粹是为了装饰。我们由此得知,美德不是只做要求做的事,而是尽我们自己的努力成就要求之外的事,以便在衣服上添加更多的装饰。保罗就是这样,把他自己的美丽穗子与诫命结合起来。因为虽然律法吩咐"为圣事劳碌的,就吃殿中的物","传福音的靠着福音养生"㉗,但保罗传福音"叫人不花钱得福音"㉘,尽管他自己又饥、又渴、又赤身露体。㉙这就是添加到诫命的内衣上做装饰的美丽穗子。

195. 长长的内衣上面缀有条纹带子,从肩头垂到胸前和背后,每个肩上用一个夹子把两条带子连起来。这夹子用宝石做成,上面分别刻上六位祖先的名字。带子由许多颜色织成:蓝色与紫色织在一起,朱红色

㉓ 《提摩太前书》1:19。关于铃铛的象征意义见查士丁 *Dial.* 42.1,他认为铃铛共有十二个,因而代表十二使徒;亚历山大的克莱门特 *Strom.* 5.6.37。斐洛把它们看为宇宙的和谐,*Quaest. Ex.* 2.120。

㉔ 石榴是格列高利喜欢的形象,用来表述这样的观念:美德抵制了我们的虚假本性之后,就引导我们获得内在营养的喜悦——*In Cant.* 7, 9, 15, Vol. 6, pp. 230, 10ff., 282, 12ff., 455, 14ff. (MG 44.929B, 969C, 1108B);参见第二卷 285 节。

㉕ 《希伯来书》12:11。

㉖ 七十士译本因误译在《出埃及记》28:39 里引入穗子(*κόσυμβοι*)。

㉗ 《哥林多前书》9:13、14。

㉘ 《哥林多前书》9:18;参见《哥林多后书》11:7。

㉙ 《哥林多前书》4:11。

线与细麻线捻在一起。所有地方都有金线缝制,如此,这些斑斓的色彩合在一起便使织品成了一件鲜艳夺目的美物。

196. 由此我们得知,外衣的上头部分,在特定意义上也就是心脏的装饰,是由许多不同的美德组成的。之所以要把蓝色与紫色织在一起,是因为生活中要将高贵与纯洁结合;朱红线与细麻线捻合,是因为生活中轻盈而纯洁的性质要以某种方式与端庄的红色结合。使这些颜色放射光辉的金色预示为这样的生活所积聚的财宝。刻在肩上的先祖对我们的装饰大有用处,因为人的生活是由先前可敬人士的榜样装饰的。

197. 而且,这些美丽的带子上端还织有另一种装饰品。金线绣织的小胸牌从两条肩带上垂下来,上缀金色的四方体,再分行镶上宝石十二颗,使其更加耀眼。这些宝石分成四行,每行三颗。没有两颗宝石是一样的,每一颗都以其独特的光芒大放异彩。

198. 那就是装饰的外观,它的意义在于,盾牌式的装饰从两肩垂下象征着我们争战魔鬼的装甲的两重性。因而,如我不久前所说的,美德的生活表现在两个方面——信心和生命的良心——盾牌两方面的保护使我们十分安全。有了"仁义的兵器在左在右"[20],我们就永远不会被仇敌的箭所伤。

199. 那四方体饰品从两条盾形饰物挂下来,上头镶着刻有十二支派的先祖之名的宝石——这饰品保护心脏。圣经以这一形象教导我们,人若是以这两个盾牌赶走邪恶射手,就是以先祖的所有美德装饰自己的灵魂,[21]因为每颗宝石在美德的带子上闪耀着各自独特的光辉。让这四方形成为你在善行上坚定不移的标记。这样的形状是很难动摇的,因为它每一边都得到均匀的支撑。[22]

200. 把这些装饰连到臂上的带子在我看来就是关于更高生活的一种

---

[20] 《哥林多后书》6:7。
[21] 参见 Philo, *Quaest. in Ex.* 2.114。
[22] 同上。

教训,即实践哲学应当与沉思哲学结合起来。这样,心脏就成为沉思的标记,而手臂则是作为的标记。

201. 饰有带状饰物的头表示为那些过上了美德生活的人保留的冠冕。那刻有神圣不容言说之字句的金穗使它美艳非凡。凡穿上这种装束的人都不可穿鞋,免得在行程中受到阻挡,被死皮制成的覆盖物妨碍(这与我们沉思圣山时所获得的领会是一致的)。鞋子既然在一开始领受启示的时候就被视为上升之路的绊脚石,必须脱去,那它怎么可能成为脚的装饰品呢?㉓

法 版

202. 摩西在我们所沉思的上升中进展到了这一高度,手里就拿到了法版,这是神所写的,写着神圣律法的法版。但是这些法版却破了,因罪人刺耳的抗拒声音而破碎。他们的罪在于造了金牛犊做偶像崇拜。摩西把整座金牛犊磨成粉,与水溶合,叫那些犯了罪的人喝下,使为不敬之人所用的材料彻底毁灭。

203. 历史当时就预言式地宣告了今天在我们的时代已经应验的事。㉔偶像崇拜的错误被敬虔的嘴吞噬,完全从生活中消失了,这嘴借着美好的见证㉕使不敬的材料彻底毁灭。古代崇拜偶像者所确立的奥秘都变成了流动的水,完全成了液体状,被那些曾是偶像狂 (idol-mad) ㉖的人的嘴所吞噬。当你看到那些先前沉溺于如此这般的虚妄的人,如今却把自己原先信以为真的东西毁灭,你岂不认为历史就像是在明明白白地

㉓ 见第二卷 22 节。亦参见 In Cant. 11, Vol. 6, p. 329, 17ff. (MG 44.1005D)。
㉔ 指 4 世纪的众多皈依行为。参见 Or. cat. 18 (MG 45.53D－56A)。
㉕ 《提摩太前书》6:13。
㉖ "偶像狂"是格列高利的特色词,见 PGL, s.v. εἰδωλομανέω。

大声宣告,每个偶像必被那些抛弃错谬接受真信仰的人所吞噬?

204. 摩西把利未人武装起来反对他们的同胞。从营地的这头到那头,他们见人就杀,毫不查问,他们的刀剑所向披靡,纷纷找到自己的刀下鬼。他们遇到谁,谁就死,毫无偏袒;无论仇敌朋友,生人邻人,亲人外人,无有分别。(对每个人都同样挥手一击。)同样的挥手一击以同等的力量穿透他们所攻击的每个人。

205. 这一叙述提供了以下有益的一课[277]:因为以色列人作为整体接受了邪恶,因为从整个营地到个人都分有了恶,所以他们无一例外都受到了严惩。这就如同某人要惩罚一个沉溺于恶行的人,就用鞭子抽他。不论他抽打的是身体的哪一部位,都要把它打得皮开肉绽,知道加给那一部位的疼痛要扩散到整个身体。同样,当整个身体陷入邪恶时,也要受到这样的责罚,因为对部分的鞭打是为了磨炼整体。

206. 所以,无论什么时候,如果有人看到同样的恶在许多人中间蔓延,但神的愤怒并不是向每个人发出,而只是针对某些人,就应当意识到这责罚是出于对人类的爱。尽管并非所有人都受到打击,但对某些人的打击是为了鞭策所有人离开邪恶。

207. 这一理解仍然属于字面解释,而属灵意义将以如下方式使我们受益。立法者以普遍宣告的方式对众人说:"凡属耶和华的,都要到我这里来!"[278]这是律法吩咐众人:"人若是想要成为神的朋友,就当成为我,即律法的朋友"(因为律法的朋友自然就是神的朋友)。他通过这样的宣告吩咐那些聚到他面前的人拿起刀剑来反对自己的弟兄、朋友和邻人。

208. 我们只要循着沉思的顺序,就能认识到凡是指望神和律法的,都因其恶习的废除而得了洁净。因为圣经并非把每个人都称为真正意义

---

[277] "有用性"是奥利金主义解经的重大原则;圣经的每个段落都得有某种有用的含义——Daniélou, *Origène* (Paris, 1948), pp. 180ff. 。

[278] 《出埃及记》32:26 (Douay 译本)。

上的弟兄、朋友和邻人。人有可能既是弟兄又是外人，既是朋友又是仇敌，既是邻人又是对手。我们把这些人看做我们最里面的隐秘念头，它们的生带来我们的死，而它们的死则引发我们的生。㉗

209. 这样的理解与我们早先对亚伦的考察㉘是一致的，当他与摩西相遇时，我们就认识到天使是盟友和帮手，协助预示埃及人的厄运。把他看做兄长也是合理的，因为天使无形的本性早于我们的本性受造，但他显然又是一位弟兄，因为他的理智本性与我们的相似。

210. 虽然看起来有点自相矛盾（试想，亚伦既成为以色列人的仆从，为他们造偶像，摩西却还要与他相遇，这怎么能引出有益的意义呢），然而，圣经在某种限定意义上指出弟兄关系的双重含义，同一个词并不总是意指同一个意思，而可能包含相反的意思。一方面，杀死埃及暴君的人是弟兄；另一方面，这弟兄又是为以色列人塑造偶像的人。因而，同一个名称在两种情形中都适用。

211. 摩西的刀剑相向的正是这样的弟兄。因为很显然，他怎样要求别人，也便怎样清楚地要求自己。人是靠毁灭罪来杀死这样的弟兄的，每个人只要除灭魔鬼设计放在他里面的某种恶，就是在自身里面杀死那有罪的生命。㉙

212. 我们若是更详尽地引证历史来说明对这一问题的思考，其教训可能就会显得更加确定。经上说，在亚伦的命令下，他们摘下耳环，作为制作偶像的材料。对此我们该说什么呢？那就是：摩西用耳饰，也就是律法来装点以色列人的耳朵，但假弟兄却出于悖逆摘下挂在耳朵上的饰物，用它来制作偶像。

㉗ 同样的注释出现在 Philo, *Ebr.* 15.67－17.71。斐洛抛弃任何字面解释（16.69），但格列高利还能给出可接受的字面解释。
㉘ 见第二卷 51 节及以下。
㉙ 格列高利这里把"假弟兄"的两种解释综合为恶天使（210）和我们本性中的隐秘思想（logismoi）（208）。试探或者是人格的，或者是非人格的，这种模棱两可性在奥利金那儿已经存在。

213. 在罪的最初入口[232]，叫人违背诫命的建议除去了耳饰。因为蛇建议始祖说，他们若是不听从神的诫命，也就是说，只要他们除去自己耳朵上诫命的耳环，那必对他们有用，叫他们受益，于是他们就视蛇为朋友和邻人。因而，凡杀死这样的弟兄、朋友和邻人的，就必从律法听到历史记载的摩西对那些杀死他们的人所说的话："今天你们要自洁，归耶和华为圣，各人攻击他的儿子和弟兄，使耶和华赐福与你们。"[233]

214. 我想，现在该叫那些把自己交给罪的人注意了。由此我们可以明白，神刻了神圣律法的石版，从摩西手中落到地上，猛烈碰撞，跌得粉碎，摩西是如何把它恢复原状的。法版虽非同样两块，但写在上面的内容是一样的。摩西用地上的材料造了石版之后，就把它们交给神的大能，让神把他的律法刻在上面。这样，他传达的虽然只是石头上的文字，但他恢复了神的恩典，因为是神自己把文字印刻在石头上的。

215. 我们在这些事件的引导下，或许有可能对神予我们的眷顾有所认识。神圣使徒把法版称为"心"[234]，也就是灵魂最里面的部分，要是他说的话没错（他是借着那通达神的深奥之处的圣灵说的[235]，说的自然是真理），那么我们可以由此得知，人性在起初时是完好的，不朽的。由于人性是神的手所造，由律法之不可书写的文字点缀，所以律法的本意在于使我们的本性脱离恶，尊荣神。[236]

216. 当罪的声音击打我们的耳朵，圣经第一卷称这种声音为"蛇的

---

[232] 《创世记》3：1 以下。
[233] 《出埃及记》32：29。
[234] 《哥林多后书》3：3。同样的主题在 In Cant. 14, Vol. 6, pp. 411, 18 – 415, 12 (MG 44.1073A – 1076C) 有详尽的阐述。关于格列高利对神书写石版的手指的不同解释，见注释436 的概述。
[235] 《哥林多前书》2：10，有改动。
[236] 这里所表达的关于自然律法的观点，对应于格列高利关于人的真本性在于他的超自然（与神相关的）生命的观点。参见 Daniélou, Platonisme... pp.48ff., 及注释29 所引用的作品。

声音"㉘,不过,关于法版的历史记载称其为"迷狂歌唱的声音"㉘,于是法版被扔在地上,摔破了。但是同样地,真正的立法者——摩西是他的一个预表——重新把人性的法版从我们的地上切割下来给自己穿上。不是婚姻为他产生了"神接受的"㉘肉身,而是他自己成为自己肉身的磨石匠,用神的手指刻成这肉身,因为"圣灵降临到童贞女身上,至高者的能力要荫庇她"。㉘这事发生之后,我们的本性重新获得未摔破前的属性,借着他手指所写的字母成为不朽坏的。圣经有许多地方都把圣灵称为"手指"。㉑

217. 摩西变得极其荣耀,乃至人的眼睛无法再看他。㉒当然,人若是在我们信心的神圣奥秘上受了教训,就知道如何根据历史记载来思考属灵意义。当我们破碎本性的恢复者(毫无疑问,你必在他里面看到医治我们破损的那位)将我们本性的破碎法版恢复到原初的美丽样子——借神的手指成就这样的事,如我所说的——不相配的眼睛就再也无法看到他。他在这种无上的荣耀中成为这些人仰望而不可企及的对象。

218. 事实上,如福音书所说,"当人子在他荣耀里,同着众天使降临的时候"㉓,义人对他几乎承受不起,也不能看见他。人若是不敬虔,跟从犹太化的异端,㉔就永远不可能在那样的异象上有分,如以赛亚所说,

---

㉘ 《创世记》3:4。
㉘ 《出埃及记》32:18 以下(七十士译本)。
㉘ 关于 θεοδόχος 见 Or. cat. 37 (MG 45.97B) 和 PGL s. v. 。
㉘ 《路加福音》1:35,有改编。这是道成肉身的另一形象,参见 Irenaeus, Proof 26 (ACW 16:64)。《出埃及记》关于法版的记载充分表明了这一思想,不过,是否也有一点暗示,《但以理书》2:34、45,也就是格列高利在 In bapt. Christi (MG 46.589A–B) 使用的经文是指童贞女生育?
㉑ 《路加福音》11:20,《马太福音》12:28(参见出 8:19,申 9:10)。
㉒ 《出埃及记》34:29 以下。
㉓ 《马太福音》25:31。
㉔ 阿里乌主义被认为是一种犹太化的异端——De fide (MG 45.137A); C. Eun. 3, 7, Vol. 2, p. 217, 26 (MG 45.804C)。

要把不敬虔的人除灭,他"必不注意耶和华的荣耀"。㉕

永恒的进步㉖

219. 我们循着顺序一步一步地考察这些事,然后在沉思这一段落时获得了更深的意义。㉗我们回到主题。圣经上说摩西在神这样的显现中清晰地看见神——"面对面说话,好像人与朋友说话一般"㉘——这样的人为何还要求神向他显现,似乎那始终可见的神从来不曾显现过,似乎摩西还没有获得圣经里证实他其实已经获得的东西?

220. 天上的声音此时应允祈求者的要求,并没有否定这种额外的恩典。然而神又使他陷入绝望,㉙因为他断定,祈求者所寻求的是人类不可能达到的。神还说,他那里有个地方,那个地方有块磐石,磐石上有个洞穴㉚,他命令摩西进入这洞穴里面。然后神把自己的手放在洞口,在他过去的时候就大声喊叫摩西。摩西听到呼声,就从洞里出来,于是看见那呼他之神的背。㉛由此,他认为自己看见了所求的,神的声音所应许的并没有落空。

221. 如果这些事都从字面意义上来看待,那么不仅那些寻求神的人

㉕ 《以赛亚书》26:10 (Douay 译本)。摩西充满荣光的容貌与基督的荣耀的相似性见《哥林多后书》3:7—4:6,其本身是对《出埃及记》34 章的一种使用。

㉖ 见导论和注释60 的参考书目。

㉗ Daniélou, "*Akolouthia*," pp. 236ff.

㉘ 《出埃及记》33:11。参见 *In Cant*. 12, Vol. 6, p. 356, 1—16 (MG 44.1025D),以类似方式注释后面内容的同样的上下文。

㉙ Ἀπελπισμός。格列高利在 *In Cant*. 13, vol. 6, p. 369, 15ff. (MG 44.1037B—C) 用 ἀγελπιστία 来表示灵魂永远达不到神的状态。参见斐洛 *De post. Cain.* 4.12—5.16。

㉚ 《出埃及记》33:21—23 (Douay 译本)。

㉛ 关于整个选段,参见斐洛 *De spec. leg.* 1.41—50 和 *De post. Cain.* 48.168—169;神始终是不可见的,但他的 "ὀπίσθια" 就是他在世上的踪迹,也是他的权能。纳西盎的格列高利 *Or*. 2.3 (MG 36.29B) 引用《出埃及记》的这段经文指出,人要领会神的本质是不可能的,不过,他也拿神的背来意指神留在世上的活动之痕迹。见注释 208。

的理解将模糊不清，而且他们关于神的概念也必是不当的。[302]前面和后背只属于那些能看到其形状的事物。而每个形状就是一个物体的界限。所以，如果把神构想成某种形状，就必然无法认识到他是完全没有形体性的。事实上，每个形体都是复合的，而凡复合的，都是借着其各个不同元素的结合而存在的。谁也不会说，复合的事物不会分解。凡复合的事物必然要分解，凡分解的事物不可能不朽坏，因为朽坏就是复合之物的分解。

222. 因而，人若是从字面意义上思考神的背，就必然会得出这样的荒谬推论：因为面和背与形状有关，而形状必然是某个形体的形状；形体的本性是可分解的，因为凡复合的就要分解；而且凡分解的就不可能是不朽坏的，由此，人若是局限于字句，就会得出神是会朽坏的结论。然而，事实上，神是不朽坏的、无形体的。

223. 那么，除了对所记载的事物做字面解释之外，还有什么理解呢？倘若这一部分记载迫使我们去寻求另外的理解，那么以同样的方式去理解整个历史叙述无疑是恰当的。无论我们在部分上认识到什么，必然认为整体也是如此，因为每一个整体都是由其部分组成的。因而，神那里的地方，那地方的磐石，磐石里面的洞穴，摩西进入洞穴里面，神的手放在洞口上，神走过洞口，呼喊摩西，随后摩西看见神的背——所有这些更应当从属灵的意义去沉思。

224. 那么这些意指什么呢？形体一旦得到向下的推动力，只要运动的平面均衡倾斜，没有遇到阻力，它们就无需任何外力帮助，自动地以加速度往下滑动。[303]另一方面，灵魂以类似的方式朝相反方向运动。它一

---

[302] 亚历山大派注经的原则之一是，一个陈述若与神不相配，就必指向某种寓意解释。见导论。

[303] 同样的比喻出现在 De beat. 2 (MG 44.1213B—C)，参见 6 (MG44.1272D—1273A)，和 Or. cat. 6 (MG 45.29A)。我们的本性有两部分："理智部分本能地向上运动，质料部分向下运动"——In Cant. 12, Vol. 6, p.345, 11—19 (MG 44.1017C)。人就是 "$\mu\epsilon\theta\delta\epsilon\iota o\varsigma$"，属地之物与属天之物的相遇之处，见 Ladner, DOP XII (1958)：71；Weiswurm, op. cit., pp. 48ff.；J. Daniélou, L'être et le temps chez Gregoire de Nysse (Leiden, 1970), pp. 116—132。

旦脱离属地的羁绊,就变得轻盈无比,迅速向上运动,离开地面飘飘然地飞向高处。[304]

225. 如果上面没有什么东西妨碍灵魂向上的运动(至善的本性把那些朝向它的事物吸引到自己身边)[305],它就一直向上飞升,必然使自己越飞越高——它本着对属天之事的渴望,努力追求面前的,[306]如使徒所说。

226. 它孜孜以求,不因已经获得的事物而放弃对更高之事的追求,因而它向上的行程永不止息,前面所获得的成就进一步加强它上升的动力。[307]朝向美德的活动使它的能力越用越大;唯有这种活动不会因用力而减损它的强度,反而会增强。[308]

227. 出于这样的原因,我们也说,伟大的摩西一直在变得越来越大,在上升过程中没有一刻停止,他也不给自己的上升行程设立任何界限。一旦把脚踏上神所立的梯子(如雅各所说)[309],就一直不停地向上攀升,永不停止,因为他总是发现比他所到达的阶梯更高的阶梯。

---

[304] 灵魂带着翅膀飞翔的主题出于柏拉图《斐德罗篇》246b, 249a, 255c,《泰阿泰德篇》176a。格列高利常常用到它——第二卷 244 节; *In Cant.* 15, Vol. 6, p. 449, 12ff. (MG 44.1101B — C); *De or. dom.* (MG 44.1145A — B); *De virg.* 11, Vol. 8, 1, p. 294, 7ff. (MG 46.365C — D) ——但是对他来说,翅膀是鸽子,也就是圣灵的翅膀——同上。用到这一主题的有 Justin, *Dial.* 2.6; Clement Alexandria, *Strom.* 5.14.94, Origen, *De princ.* 3.6.1; 参见普罗提诺《九章集》1.2; 1.2.3ff。见 P. Courcelle, "Tradition néo-platonicienne et tradition chrétienne du Vol de l'âme," *Annuaire du Collège de France* 63 (1963): 376 — 388, 及 64 (1964): 392 — 404; Daniélou, *Eranos Jahrbuch* 23 (1954): 396 — 400; Cherniss, *op. cit.*, pp. 33 — 49; Ladner, DOP 12 (1958): 65。

[305] 至善的吸引力这一主题出于希腊化哲学,受到柏拉图和斯多葛主义的影响(*Herm.* 10.6; 16.5),但也是包含在圣经中的(约翰福音 6: 44; 13: 22)。灵魂飞翔的基础是同类彼此相吸——Cherniss, *op. cit.*,特别是 pp. 48 以下。格列高利在 *De an. et res.* (MG 46.97A — B) 提到灵魂若不受物质之事的拖累,就被神的爱吸引(参见 44.876B)。

[306]《腓立比书》3: 13。我们看到了精华段落,这是全书的主题。

[307] 不断增加对至善的分有,这始终是追求新的进步的起点。受造物"永不停止在已经取得的成就上,它所获得的一切总是成为上升到更大之事的一个起点"——*C. Eun.* 3.6.74, Vol. 2, p. 212, 10 — 12 (MG 45.797A)。"已经获得之事的边界成为发现更高之善的起点"——*In Cant.* 8, Vol. 6, p. 247, 11f. (MG 44.941C)。这是可能的,因为灵魂就如同容器,能够不断地接受倾倒在它里面的事物——*De an. et res.* (MG 46.105A — C)。见 Daniélou, *Platonisme*... pp. 291 — 307。

[308] 普罗提诺《九章集》5.8.4, 26。

[309]《创世记》28: 12。梯子的主题见于柏拉图《会饮篇》211c 和普罗提诺《九章集》1.6.1, 20。格列高利更频繁地使用阶梯或舞台 (βαθμοί) 的比喻——*De virg.* 11, Vol. 8, 1, p. 292, 10ff. (MG 46.364B — C); *In Cant.* 5, Vol. 6, p. 158, 19ff. (MG 44.876B)。见 Jaeger, *Two Rediscovered Works*, p. 79。

228. 他否认与埃及女王宝贵的亲属关系。他替希伯来人报仇。他选择在旷野生活，那里没有人打扰他。他独自放牧一群驯服的牛羊。他看见耀眼的光。他脱去鞋子，毫无羁绊地走向光。他带领自己的族人和同胞走向自由。他看见仇敌淹没在海里。

229. 他在云柱下扎营。他使磐石出水，解人之渴。他使天上降粮。他伸出双手，胜了外邦人。他听到号角，他进入幽暗。他悄悄进入非人手所造的帐幕的至圣所。他得知神圣祭司的奥秘。他毁灭了偶像。他祈求神 (divine Being)。他恢复被犹太人的邪恶损坏的律法。

230. 他荣光焕发。虽然透过如此高贵的体验升得更高，却依然不满足，渴望更上一层楼。他对那些使自己内里不断充满的东西，依然如饥似渴，孜孜以求，似乎从未分有过一样，他祈求神向他显现，不是照着他分有的能力，而是照着神的真实存有 (true being)。[310]

231. 在我看来，这样的一种体验属于热爱佳美之物的灵魂。[311] 盼望总是把灵魂从可见的美引向不可见的美，总是借着已经获得的认识激发追求隐蔽奥秘的欲望。[312]因而，美的热恋者虽然得到了始终可见的美，作为他所欲求之物的一个像，他仍然渴望被那原型的真实印象所充满。

232. 欲望升到峰顶之后就提出大胆的请求：不是在镜子里，透过反射享有至美，[313]而要面对面看见至美。神有声音回答所求的哪一点可应

---

[310] 关于对神的渴望不断增加，参见 In Cant. 12, Vol. 6, p. 366, 11ff. (MG 44. 1033D — 1036A)。人虽然不断地充实自己的接受能力，但由于神的本性是无限的，他增加的恩典越多，自己也变得越大——In Cant. 8, Vol. 6, p. 245, 19 — 246, 15 (MG 44. 940D — 941B)。因而灵不同于肉，它永不知饱足——In Cant. 14, Vol. 6, p. 425, 14ff. (MG 44. 1084C — D); 唯有对美的爱没有任何界限——De an. et res. (MG 46. 96A, 97A)。见第二卷 232、235、239 节。

[311] "ἔεως" 的使用参见柏拉图《会饮篇》201d。格列高利解释说，他用 "ἔεως" 这个词来意指 "ἀγάπη" 的强烈形式，In Cant. 13, Vol. 6, p. 383, 9 (MG 44. 1048C)。见 G. Horn, "L'Amour Divin: Note sur le mot 'Eros' dans S. Grégoire de Nysse," Revue d'ascétique et de mystique 6 (1925): 378 — 389; Daniélou, Platonisme... pp. 199 — 208; Aubineau, SC 119: 177, 195; Weiswurm, op. cit., pp. 196ff.; Jaeger, Two Rediscovered Works, p. 76; Leys, op. cit., 53 — 55。与但涅娄关于 ἔεως 的观点相反的看法，参见 op. cit., 以及 H. v. Balthasar, Der versiegelte Quell (Einsiedeln, 1954), p. 11, 见 Mühlenberg, op. cit., p. 183, n. 3。

[312] 参见注释 208。

[313] 神就是至善和至美——Aubineau, SC 119: 150。

允,哪一点不可企及,寥寥数语就显明了一种深不可测的思想。神出于慷慨仁慈答应成全他的渴望,但并未应许要使他的渴望停止或得到饱足。[314]

233. 倘若神的显现最终导致凝视者终止渴求,那他就不会向他的仆人显现自己,因为神真正的显现在于,仰望神的人永不停止对仰望神的渴望。如神所说:"你不能看见我的面,因为人见我的面不能存活。"[315]

234. 圣经并未指出这必然导致那些见神面的人死,试想,生命的面怎么会致那些靠近它的人于死地呢?相反,神的本性乃是赐予生命。然而,神性的特点是超越于一切特点。[316]因而,凡认为神是某物的,就被认为没有生命,因为他已经偏离真正的存有,转向他凭感觉(sense)以为包含存有的事物。[317]

235. 真正的存有就是真正的生命。这存有是知识所不能企及的。[318]既然赐予生命的本性是超越一切知识的,那么从认知得来的当然就不是生命。非生命的东西不可能成为生命的原因。因而,唯有让摩西的渴望永远不会饱足的事物才能使他的渴望得到满足。

236. 他从所说的话中得知,神本身的本性是无限的,没有任何界限。如果把神当作某种有界限的东西来认识,那就必然是从有限的角度来思考无限的事物。凡有界限的事物总是要终止在某个点,就如空气为一切飞翔之物设立边界,水为一切水生之物设立边界。因而,鱼的周围环绕着水,鸟的周围充满空气。限制鸟类和鱼类的边界是显而易见的,

---

[314] 参见 Origen, *De princ.* 2.9.1—3。参见注释 310 关于饱足的参考书目。Ivánka, *Hellenistisches und christliches im frühbyzantinischen Geistesleben* (Vienna, 1948), pp. 48ff, ; Daniélou, *Eranos Jabrbuch* 23 (1954): 400—407, 417. 与奥利金灵性的看法相比较,见 Otis, DOP 12 (1958): 108f.。

[315] 《出埃及记》33:20。

[316] Basil, *Ep.* 234.2 (MG 32.869C);纳西盎的格列高利 *Or.* 45.3 (MG 36.628A)。参见 Völker, p. 41。

[317] 柏拉图主义对斯多葛主义的"$καταληπτικὴ φαντασία$"的一个辩驳——这一短语也出现在 *In Cant.* 12, Vol. 6, p. 357, 6 (MG 44.1028A)。关于格列高利对斯多葛主义这方面的精妙驳斥,见 v. Balthasar, *Présence et Pensée*, pp. 60—67。

[318] 注释 191。

水是水生之物的界限，空气是飞翔之物的界限。同样，神若是被认为有界限，就必然被某种本性不同的事物包围。包围之物要比被包围之物大得多，这是完全符合逻辑的。

237. 众所周知，神的本性是良善的。⑲而本性上不同于善的事物当然就不是善的事物。在善之外的就是本性为恶的事物。再根据上面已经表明的，包围的要比被包围的大得多，由此完全可以推出，那些认为神是有界限的人必然得出这样的结论：神是被邪恶包围的。

238. 既然被包围的总是小于包围的，那么可以说，包围的是强者，占据优势。因而，把神包围在某种界限内的人就指出至善是被其对立面支配的。然而那是绝不可能的。因而，断不可以为有什么东西能包围无限的本性。不受包围的事物是不可能受到任何限制的。对那吸引人上升的至善的每个渴望都在追求至善的过程中不断扩展。⑳

239. 真正的看见神（the vision of God）乃是：渴望看见神，这种欲望永不满足。㉑但是人必须永远凝望所能看见的，激发更大的渴望，看见更多的东西。因而，在向神的上升过程中没有界限能阻挡。因为向至善的过程中不可能找到界限，对至善的渴望只能越来越大，不可能因得到满足而终止。㉒

240. 那么，显现在神旁边的那个地方是指什么？磐石是什么？还有磐石上的洞穴、盖在洞口的神的手是什么？神走过是指什么？摩西祈求

---

⑲ 见第二卷7节及注释14。
⑳ 与《腓立比书》3：13 中的同一个词根（συνεπεκτείνω）。见 In Cant. 1, Vol. 6, p. 31, 6ff. (MG 44. 777B)。
㉑ 见 In Cant. 12, Vol. 5, pp. 369, 24－370, 3 (MG 44. 1037B) 和 In Eccl. 7, Vol. 5, pp. 400, 21－401, 2 (MG 44. 720C) 里的类似表述。请注意这一表述超越了早先在西奈山上界定的表述："看见就在于没有看见"，第二卷163节。格列高利并不否定在异象中可以真见到神，但他坚持认为不论看见的神是什么样子，都与他本身所是没有关系。斐洛 Quaest. Ex. 2.51："快乐的开端和终结就是能够看见神。但人若没有使自己的灵魂成为……圣所，完全的圣殿，就不可能出现这样的事。"关于这一主题，K. E. Kirk, *The Vision of God* (London, 1932)。
㉒ 由此证明了导论里提出的主题：完全在于不断进步之中（第一卷，10）。参见 Balás, *op. cit.*, p. 156。

面对面看见神时神所应许他的背又是指什么?

241. 这些事物必然是极其重要的，而且与神圣赐予者的慷慨仁慈相匹配。因而，可以相信，这一应许比以前应允给他伟大仆人的每一次的神的显现都更富有意义，也更高深。摩西经过先前的上升之后渴望达到这样一个高度，而那使"万事都互相效力，叫爱神的人得益处"㉓的，引导着这一上升过程，使上升变得轻松自如，那么我们如何从所说的话里理解这一高度呢？"看哪，在我这里有地方。"㉔他说。

242. 这里的思想显然与前面思考的观点相一致。在说到"地方"时，他并非意指某种数量化的事物（因为没有数量的事物，就没有度量）。相反，他用可度量的表面做比喻，引导听者去领会无边无限的事物。经文似乎意指这样的含义："摩西，你对还在前面的事㉕的追求已经扩展，你虽然进步，仍然没有获得满足，你没有看到至善的任何界限，你的渴望始终寻求更多的东西，我这里的地方是奇大无比的，凡是跑进来的人就永远不可能停止追求的脚步。"㉖

243. 在另一个圣经段落里，这种进步是一种静止的站立，因为它说："你要站在磐石上。"㉗这是最令人惊异的事：同一个事物怎么既是静止站立的，又是持续移动的。㉘试想，人若上升，自然就不是静止站立的，人若静止站立，就不是向上运动。但这里上升借着站立而发生。我这话的意思是说，人越是坚定不移地驻守在至善里，就越是在美德上取

㉓ 《罗马书》8：28，请看亚历山大派的文本。
㉔ 《出埃及记》33：21。
㉕ 《腓立比书》3：13。
㉖ 与 *In Cant.* 5, Vol. 6, p. 159, 12ff. (MG 44. 876C) 几乎完全相同。Joseph Maréchal, *Études sur la psychologie des Mystiques* II (Paris, 1937), pp. 107f., 详细阐述了基督就是那磐石和那地方的思想。
㉗ 《出埃及记》33：21。*In Cant.* 5, Vol. 6, pp. 160, 10 – 163, 10 (MG 44. 876D – 877D) 论到认识神的问题时，引用《雅歌》2：14 谈到"磐石"，与此非常类似，但没有提到摩西。爱任纽注释《出埃及记》的这一段落时指出，它教导我们两件事：其一，人不可能看见神；其二，人将于末了之时在磐石上看见他，即当神变成人到来时看见他——*Adv. Haer.* 4. 34. 9 (Harvey, II, 220)。
㉘ 格列高利用这一二律背反将循环而静止的物理运动与上升而稳定的灵性运动相比较。Daniélou, in *Eranos Jahrbuch* 23 (1954): 400 – 408; *Platonisme*..., p. 282。

得更大进步。一个人如果在自己的推论中把握不定，动辄犯错，那是因为他没有在至善里建立坚实的根基，而是"随风摇动，飘来飘去"[329]（如使徒所说），疑惑不定，对实在的观点左右摇摆，这样的人永远不可能达到美德的高度。

244. 他就如同那些爬沙丘的人，尽管费了很大劲，爬了很多路，但他的双脚立在沙里，总是向下滑，[330]所以，虽然有很大的动作，结果却没有前进一点。然而，如果像《诗篇》作者所说，人从祸坑里、从淤泥中拔腿上来，将双脚立在磐石上[331]（这磐石就是基督，[332]完全的美德），那么他越是在至善里坚固不动摇[333]（如使徒所告诫的），就能越快地完成行程。这里使用静止站立的比喻，就好比它是心借着在善里的稳定性向上飞翔时的羽翼。[334]

245. 因而，向摩西显明这地方的神督促他前行。当他应许要将摩西立在磐石上时，就向他表明了这一神圣比赛的性质。不过，磐石上的开口，圣经里称为"洞穴的"，圣使徒用自己的话做出了绝好解释，他论到那些拆毁了这地上的帐棚的人，必得不是人手所造，乃盼望所造的，在天上永存的房屋。[335]

246. 确实的，人若是如使徒所说，在那宽敞、空旷的赛场上，就是神的声音称为"地方"之处，跑尽当跑的路，而且守住了所信的道[336]，如

---

[329]《以弗所书》4：14。
[330] Epicurus, *Fragment* 470 (Usener)。沙的比喻出现在 *In Eccl.* 1, Vol. 5, p. 290, 1ff. (MG 44. 628C—D)；*De mort.* (MG 46. 500D－501D)。
[331]《诗篇》39：3(见和合本40：2。——中译者注)。格列高利对经句有所改变，使人变成主语，做这样的事，而不是神为他做。
[332]《哥林多前书》10：4。参见 *In Cant.* 11, Vol. 6, p. 331, 16 (MG 44. 1008B)。*In Cant.* 5, Vol. 6, p. 161, 15－18 (MG 44. 877B) 把福音书看做磐石。*De perf.*, Vol. 8, 1, p. 192, 20ff. (MG 46. 269A) 论到基督是"磐石"。*De beat.* 6 (MG 44. 1264C) 把"陡峭而突兀的磐石"与难以获得的神的知识联系起来；参见 *In Eccl.* 7, Vol. 5, p. 413, 4ff. (MG 44. 729D) 论及灵性的要求缺乏确定的根基。
[333]《哥林多前书》15：58。
[334] 见注释304。
[335]《哥林多后书》5：1。
[336]《提摩太后书》4：7。

这里的比喻所说的，把双脚放在磐石上，那么这样的人必从比赛的裁判那里获得公义的冠冕。[337]这一奖赏在圣经里有多种不同方式的描述。[338]

247. 同样的事物这里称为磐石上的洞穴，另外的地方称为“快乐的园子”[339]、“永恒的帐幕”[340]、“父家里的住处”[341]、“先祖的怀”[342]、“永生之地”[343]、“给人清爽的水”[344]、“天上的耶路撒冷”[345]、“天上的国”[346]、“召来得的奖赏”[347]、“华冠”[348]、“荣冕”[349]、“美（华）冠”[350]、“力量的柱石”[351]、“宴席之乐”[352]、“神的会众”[353]、“审判的宝座”[354]、“立名的居所”[355]、“隐密的帐幕”。[356]

---

[337] 基督作为“ἀγωνοθέτης”多次出现在格列高利笔下——*De beat.* 8（MG 44.1296C，1301A）；*C. Eun.* 3.1，Vol.2，p.3.14（MG 45.573A）；*De S. Theod. Mart.*（MG 46.737D－740A）。其他出处见 PGL，*s. v.*。

[338] 在 *De perfectione* 里神学史上第一次阐述了关于神的名称的神学（Jaeger，*Two Rediscovered Works*，p.30）。虽然基督的名称在这里很少孤立出现，但格列高利似乎还没有明白，基督的各个名称是通向美德之无限之梯的不同阶梯。这种理解是以他这里提出的各种名称为基础的。这些名称是通向所欲求之对象的阶梯，是照亮其些许本质的火花（关于这一讨论和参考书目，见 Völker，*Gregor von Nyssa*，pp.39f.）。关于整个话题，见 Mühlenberg，*op. cit.*，pp.183－195。

[339] 《创世记》2：15；3：23 以下。*In Cant.* 1，Vol.6，p.24，8（MG 44.772C）；*De beat.* 5（MG 44.1257D）。Daniélou “Terre et Paradis chez les Pères de l’ Église，” *Eranos Jahrbuch* 22（1953）：433－472；E. F. Sutcliffe，“St. Gregory of Nyssa and Paradise，” *The Ecclesiastical Review* 84（April 1931）：337－350。

[340] 《哥林多后书》5：1。

[341] 《约翰福音》14：2、23。

[342] 《路加福音》16：22 以下。*Vita S. Mac.* Vol.8，1，p.398，2（MG 46.984D）。

[343] 《诗篇》26：13（和合本无此节经文）；114：9（和合本无此节经文）。*De beat.* 2（MG 44.1212A）。

[344] 《诗篇》22：2（见和合本 23：2“可安歇的水边”。——中译者注）。还有 *Vita S. Mac.* Vol.8，1，p.398，1（MG 46.984D）；*De beat.* 2（MG 44.1212A）；*C. Eun.* 3.8，Vol.2，p.241，8（MG 45.829D）也适用于基督。

[345] 《加拉太书》4：26。*In Christi res.*（MG 46.617B－C）认为乐园与天上的耶路撒冷是一致的。

[346] 《马太福音》里的常用词，比如 13：44，等等。

[347] 《腓立比书》3：14。

[348] 《箴言》1：9；4：9。

[349] 《箴言》4：9。

[350] 《以赛亚书》62：3。

[351] 《诗篇》60：4（合和本查不到此节经文。——中译者注）。

[352] 《以赛亚书》65：11—14？注释 354 的《路加福音》经句可能是这一短语的基础。

[353] 《箴言》25：4、8 可能是此短语的依据。

[354] 《路加福音》22：30；《马太福音》19：28。

[355] 《申命记》12：5。

[356] 《诗篇》26：5。

248. 那么我们说，摩西进入磐石也与这些描述有同样的意义。既然保罗把基督理解为磐石，那么就是相信对一切美善之事的盼望都在基督里面，我们已经知道所积蓄的一切美善之事都在他里面藏着。(357)无论你找到哪种善，都会发现这种善就包含在基督里，因为他包含着一切善。

249. 他到达了这一步，并由神的手遮挡，如经文所应许的（因为神的手(358)是创造存在之物的权能，是独生的神，万物是借着他造的(359)，他也是那些奔跑者的“地方”，按着他自己的话说，他就是这行程的“道路”(360)，是那些根基扎实者的“磐石”，那些安歇者的“住处”(361)），他就是那必听到召唤者的声音且看见呼召者的背的人，这意味着他必“顺从耶和华你们的神”(362)，如律法所命令的。

250. 当大卫听到并明白这一点，就对那“住在至高者的隐密处”的人说，“他必用自己的肩膀遮蔽你”(363)，这与在神背后的意思是一样的（因为肩在身体的背部）。关于他本人，大卫说，“我心紧紧跟随你；你的右手扶持我。”(364)你看，诗篇的话与历史记载完全一致。因为一者说，右手对紧紧跟在神后面的人是一个帮助，另一者说，这手触摸那听到神的声音，立在磐石上等候，祈求自己能跟在神后面的人。

251. 当对摩西说话的主成全了自己的律法，他同样对自己的门徒做

---

(357) 《歌罗西书》2：3，《以弗所书》1：3。格列高利很喜爱这类罗列。参见基督作为“王”的名单，这构成他的作品 *De perf.* 的构架。关于基督包含一切善，参见 Origen， *Comm. Joh.* 1.9.52ff. 。

(358) 参见 Irenaeus，*Adv. haer.* 4.34.1 (Harvey，2，p.213)。

(359) 《约翰福音》1：18（注释 43）；1：3。

(360) 《约翰福音》14：6；《提摩太后书》4：7。

(361) 《约翰福音》14：2。

(362) 《申命记》13：4。格列高利在这里提出灵性生活的新的一面：不仅要寻求神，还要跟从神（参见第二卷，52）。参见 *In Cant.* 12，Vol.6，p.356，12f. （MG 44.1025D－1028A），那里把看见神界定为“一直跟从神”。参见 R. Leys，“*L'image de Dieuchez Saint Grégoire de Nysse*，” p.52 关于为何“朝向神”就是变得与神相似的论述。新毕达哥拉斯主义的哲学观就是跟从神，而 Armand Delatte，*Études sur la littérature pythagoricienne*，p.76 指出，“跟从神”基于《斐德罗篇》里顺服驾驭者的两匹马的神话。这种哲学观被斐洛吸收，*Migr.* 23.131。参见 Clement Alexandria，*Strom.* 2.19.100.4；*Paed.* 1.5.20.4。

(363) 《诗篇》91：1、4（Douay 译本，有改动）。格列高利是在演绎“背的宽阔部分”这一短语。

(364) 《诗篇》63：8。

出清晰的解释，阐明以前用比喻所说的话的意思，他说："若有人要跟从我"㉝，而不是说"若有人要行在我面前"。对询问永生的人，他也提出同样的事，说"来跟从我"㉞。我们知道，凡跟从的人，所看见的就是背。㉟

252. 于是，极其渴望看见神的摩西，如今终于知道怎样才能看见神了：跟从神，无论他引向哪里，这就是看见神。神的走过意指他引导跟从他的人，因为人若不知道路，就只能跟从向导的指引，否则就不可能安全地完成自己的行程。而引导的，向跟从的指明前行的道路。跟从的，只要始终能看见引领者的背，就不会偏离正道。

253. 因为人若是移到一边，或者使自己面对向导，那就擅自朝向了另一个方向，而不是向导指给他的方向。因而，他对被引导的说，你"不得见我的面"㊱，也就是说，"不要面对你的向导"。你若是这样做了，你的路线就必然通往相反方向，因为善不能看见善的面，只能跟着它的背。

254. 被认为是善的对立面的，就是与善面对面的；看见善之面的，就是恶。㊲然而，认识美德不是在与美德相对立中认识的，因而摩西不能看见神的面，只能看见他的背；凡看见他的面的，就必死，如神的声音所证实的，人见耶和华的面就不能存活。㊳

255. 你看，学会如何跟从神，这是多大的一件事，纵然是像摩西这样的人，经过了那些高深的上升，看见了令人敬畏、充满荣耀的神的显现，最终到生命即将终了之时，已经学会跟在神的后面，还只能勉强算为与这种恩典相配的人。

㉝ 《路加福音》9：23。
㉞ 《路加福音》18：22。
㉟ 见注释301。
㊱ 《出埃及记》33：23。
㊲ 关于对立面的详尽讨论，见 C. Eun. 3.7, Vol. 2, p. 232, 16ff. (MG 45.820B)。见第一卷注释12。
㊳ 《出埃及记》33：20。

摩西遭人嫉妒

256. 人既这样跟从了神,邪恶发起的任何进攻就再也不可能对他有丝毫损伤。经过这些事之后,他的弟兄对他产生了嫉妒。嫉妒是引发邪恶的情欲,是死亡之父,是罪的第一个入口,淫邪(wickedness)之根,忧愁之始,不幸之母,悖逆的根基,羞耻的开端。嫉妒把我们逐出乐园,使我们变成与夏娃作对的蛇。嫉妒把我们挡在生命树之外,使我们脱去了圣洁的衣服,㊛领着我们在羞耻里穿着无花果的叶子离开。

257. 嫉妒使该隐逆性,又立下杀死该隐遭报七倍的规则。㊜嫉妒使约瑟成为奴仆。嫉妒是致死(death-dealing)的叮咬,是隐秘的兵器,是本性的疾病,是毒药,是顽固的衰弱,是涂毒的匕首,灵魂的钉子,㊝心里的火,在里面燃烧的焰。

258. 在嫉妒看来,不幸不是因为它自己的不幸,乃是因为别人好运。反过来说,成功不是因为自己好运,而是因为别人不幸。㊞嫉妒对别

㊛ 关于亚当和夏娃在乐园里所穿、我们将来还要穿上的衣服,见 In Cant. 11, Vol. 6, p. 330, 1ff. (MG 44.1005D); De or. dom. 2 (MG 44.1144D), 5 (MG 44.1184B — C); In bapt. Christi (MG 600A — B)。这一段落里与这些衣服相对的不是《创世记》3:21 里的皮制衣服,而是《创世记》3:7 的无花果的叶子,标志随罪而来的羞耻的一个记号——参见 De virg. 13, Vol. 8, 1, p. 303, 14ff. (MG 46.376A),表明格列高利对"羞耻的树叶"与"死的皮子"之间的意义并没有做出区分。见 Daniélou, The bible and Liturgy, pp. 37 — 40, 49 — 53。

㊜ 《创世记》4:24。

㊝ 有些希腊化时代的手册对嫉妒的讨论可能就是以这一句子做后盾的。参见 Plutarch, De invidia et odio; Chrysostom, Orations 67, 68; Stobaeus Ecl. V, 38。关于钉子的比喻,参见 De an. et res. (MG 46.97C); De virg. 5, Vol. 8, 1, p. 277, 11ff. (MG 46.348C); 它源于《斐多篇》83d。见 P. Courcelle, "La colle et le clou de l'âme dans la tradition néo-platonicienne et chrétienne (Phédo 82e, 83d)," Revue belge de philologie et d'histoire 36 (1958); 72 — 95, 及 "Variations sur le clou de l'âme," Mélanges offerts à Mademoiselle Christine Morhmann (Utrecht, 1963), pp. 38 — 40。

㊞ 罗马的克莱门特书 4 章 7—13 节对嫉妒这一主题做了比喻阐述。参见《所罗门智训》2 章 23 节及以下。格列高利的观点,参见 Or. cat. 6 (MG 45.28D — 29C) 和 De beat. 7 (MG 44.1285 — 1288) 关于嫉妒的论述。在 De castig. (MG46.316A — C) 他利用摩西的这些经历讨论他个人的困难。参见 Basil, Hom. 11 "论嫉妒"(MG 31.372B — 385C)。

人的好事感到忧愁，从别人的不幸谋取利益。据说，吃腐肉的秃鹰被香气杀死，⑮它们的本性与腐烂、败坏的东西相近。凡是被这种疾病掌控的人，都被邻人的快乐杀死，就如同被某种香气杀死一样；相反，他若是看到什么不幸的遭遇，就飞过去，伸出弯弯的嘴巴，引出隐藏的灾祸。

259. 嫉妒攻击过许多摩西之前的人，但当它攻击到这位伟人头上时，就像一个泥罐撞在磐石上，变得粉身碎骨了。由此突出表明了摩西在与神同行的过程中所取得的进步。他跑进神的地方，立足于磐石，被掩护在它的洞穴里，被神的手盖住；又跟在他的领路者后面，不是看着他的面，而是看着他的背。

260. 他远在弓箭的射程之外，这一点表明在跟从神的过程中，他本人已经变得大为蒙福。因为嫉妒也把箭射向摩西，但却到达不了摩西所在的高度。⑯邪恶之弦太松弛，从那些原本得了病的人那里射出的情欲，根本到达不了摩西身上。但是亚伦和米利暗被情欲的恶势力所伤，变得如同嫉妒之弓，虽然不是向他射出箭，却是向他射出恶毒的话。

261. 摩西避免与他们的软弱同流合污，甚而关照那些得病之人的状况。他不仅没有被那些给他带来忧愁的人激怒，为捍卫自己攻击他们，反而为他们恳求神大发慈悲。我想，他这样做是要表明，一个由美德之盾很好装备起来的人，是不会被飞来的毒镖射中的。

262. 他使标枪变钝；他的盔甲坚硬无比，使飞镖偏离方向。抵挡这

---

⑮ 关于古代科学的这一特点，见 Pliny, *H. N.* 11. 279；Clement Alexandria, *Paed.* 2. 8. 66。香气的比喻是新柏拉图主义者的最爱，参见 Dionysius Areopag. , *De ecclesiastica hierarchia* (MG 3. 473C, 477C, 480BD)。在其他地方，格列高利用香气来描述神性，参见 *In Cant.* 1, Vol. 6, p. 36, 9ff. (MG 44. 781Cff.)。见 G. Horn, "L'amour divin. Note sur l'mot 'Eros' dans S. Grégoire de Nysse," *RAM* 6 (1925): 383ff.；M. Harl, "A propos d'un passage du *Contre Eunome* de Grégoire de Nysse," *Rech. Sci. Rel.* 55 (1967): 220；以及 Daniélou, *Platonisme...* pp. 232f.。

⑯ 摩西已经到达完全的 "ἀπάθεια"，情欲再也不能企及——见注释 422。摩西超越了愤怒和欲望——*De an. et. res.* (MG 46. 53C)。射手的比喻，亦见 *In Cant.* 4, Vol. 6, p. 127, 7ff. (MG 44. 852A—B)，不过，上下文不同。

些飞镖的盔甲就是神本身,美德的战士所穿的就是这样的盔甲。因为圣经有话说:"总要披戴主耶稣基督"⑰,也就是说,要披戴这刺不穿的完备盔甲。摩西有了这样的完全保护,邪恶射手的攻击就徒劳无功。

263. 他并没有迫不及待地自卫,向那些引发他忧愁的人报复;虽然他们早已由公正的审判定罪,他也知道什么是合乎本性的正当之事,但他仍然为自己的弟兄恳求神。神早已把自己的背显示给他,把他安全地引向美德,他若不是早已跟在神的后面,就不可能这样做。

约书亚和探子

264. 我们继续来看。人的天敌因为找不到机会伤害摩西,就把矛头指向那些比较软弱的人。当贪欲像箭一样射向百姓的时候,就在他们中间引起对埃及之事的欲望,使他们更喜欢吃埃及人吃的肉,而不是天上的粮。

265. 但是摩西凭着一颗高尚而超越于这些淫欲的心,完全致力于神原先应许要给那些从埃及地出来(从属灵意义上理解)并领他们去到那流奶与蜜之地百姓将来的产业。出于这样的原因,他派了一些探子到那地,以传扬那地的美。

266. 在我看来,这些探子有两类:一类是那提供对美好事物之盼望的人,也就是出于信心的推论,他们巩固我们对美好事物的盼望;另一类是指那些拒斥美好盼望,对所报告之事迟疑不信的人,这可以说就是指魔鬼的推论。摩西认为反对者的报告完全不可信,同时接受了关于那地的更为有利的报告。

267. 约书亚是带着美好使命的人,他亲自证实所报告之事属实。当

---

⑰ 《罗马书》13:14。

摩西看着约书亚,看着他带回来挂在枝头上的那串葡萄,就产生了对将来之事的坚定盼望,知道那地确实盛产那样的葡萄。当然,当你听到约书亚讲述那地及挂在枝头的那串葡萄的时候,你知道他所看到的使他坚定持守自己盼望的东西是什么。

268. 挂在枝头的葡萄不就是在末了之时挂在木头上的人吗?此外还能指什么呢?他的血成为那些信主之人的得救之水。[278]摩西早已预先向我们论到这一点,他是打比方说的:"他们也喝葡萄汁酿的酒。"[279]他这话指的就是拯救人的受难(the saving passion)。

铜 蛇

269. 道路再次通向旷野,百姓对所应许的美事失去了盼望,因而变得干渴难耐。摩西再次在旷野使水流出来,给他们解渴。如果从属灵意义上理解,这一叙述教导我们悔改的奥秘是什么。[280]那些已经尝过磐石却又转向肚腹、肉体、埃及人的享乐的人,被判定不得分有美事。

270. 但是他们可以借着悔改重新找到所抛弃的磐石,重新开启泉水解渴,重新使自己充满精力。磐石向摩西流出水,因为他相信约书亚的窥探比对手的窥探更真实,他仰望那串为我们之故被挂在木头上流血的

---

[278] 《约翰福音》15:1 为古代教会里这种普遍的预表学提供了一个出发点——Justin, 1 *Apol.* 32; *Dial.* 54; Irenaeus, *Proof* 57 (ACW 16: 85); *Adv. Haer.* 4.20.2 (Harvey 2, pp. 173f.); Hippolytus, *De Chr. et Antichr.* 2.11 (MG 10.735-738); *Ben. Is. Jac.* 18 (PO 27, p.83); Clement Alexandria, *Paed.* 2.2.19; Origen, *Comm. Ier.* 8.51。关于在教父们看来所应许之地的葡萄象征着十字架上的基督的论述,见 Corrado Leonardi, *Ampelos*, Bibliotheca "Ephemerides Liturgicae" 21 (1947), pp. 151ff.。

[279] 《申命记》32:14,有改动。关于"葡萄酿的酒(血)"参见 *In Cant.* 3, Vol.6, p.95, 18ff. (MG 44.828C-D)。

[280] 格列高利不仅暗指内心里的忏悔,也指他在 *Ep. can.* (MG 45.221B-236D) 和 *De castig.* (MG 46.308A-316D) 里讨论的神职上的和解 (ecclesiastical reconciliation)。在 *C. Eun.* 3.9, Vol.2, p. 285, 28f. (MG 45.880C-D) 里,他把罪的忏悔列为"教会的惯例"之一。

葡萄,他又借着木头为他们预备了从磐石上涌出来的水。㉛

271. 但百姓还没有学会如何跟上摩西伟大的脚踪。他们仍然沉溺于奴役人的情欲,爱好埃及的享乐。历史由此表明,人的本性是最容易陷入这种情欲的,沿着成千上万条道路奔向这种疾病。

272. 正如医生通过治疗阻断疾病的蔓延,同样,摩西也不允许疾病引发死亡。他们那毫无节制的欲望产生了蛇,咬到谁,谁就被它的致命毒液所伤。然而,这位伟大的立法者只用蛇的像就使这些真蛇变得软弱无力。

273. 这里很适合解释这一比喻。对付这些恶欲有一种方法,就是通过虔敬的奥秘来洁净我们的灵魂。相信"奥秘"的主要行为就是信靠那为我们受难的主。㉜十字架就是受难,所以,人只要仰望它,就如经文所叙述的,就不再受欲望之毒的伤害。㉝

274. 仰望十字架就意味着把人的整个生命交给死,向世界钉死在十字架上,㉞不为邪恶所动。诚如先知所说:"他们因敬畏神,就把自己的肉身钉死。"㉟这钉子应当是支配肉身的自制。㊱

275. 既然毫无约束的欲望从地里生出了叫人死的蛇(因为恶欲所生

㉛ 磐石上流出的水被比作十字架上的基督被刺的肋旁流出的血和水(约 19:34)。拉比曾说,突出的磐石流出血和水——*Midrash Rabbah*, *Exodus* 3.13。在教父那里,这种象征常常指圣餐(对哥前 10:4 来说似乎更是如此)——Theodoret, *Quaest. in Ex.* 27; Chrysostom, *In 1 Cor. hom.* (PG 51.299); Ambrose, *De Sacram.* 5.1。在更早期的作者中间,更为普遍的是指洗礼——Tertullian, *De bapt.* 9; Hippolytus, (J. Crehan, *Early Christian Baptism and the Creed* [London, 1945], pp. 172f.)。西普里安在批判圣餐解释时诉求于《约翰福音》7:37 以下——*Ep.* 63.8。从磐石出来的水在某些早期基督教艺术的代表作中显然是洗礼的预表——C. F. Rogers, *loc. cit.*。在第二个故事里看到的把磐石解释为"第二次悔改"是格列高利的新观点。它为对磐石之水作洗礼上的解释提供了证据,因为教会里的告白被认为是"第二次洗礼"(参见 Tertullian, *De poen.* 12)。

㉜ 参见《所罗门智训》16:6 以下。在旷野树起的蛇像是十字架上基督的一个形象,这出于《约翰福音》3:14。格列高利在 *In Cant. prol.*, Vol.6, p.8, 3ff. (MG 44.760A—B) 里也有这样的暗示。关于古代的见证见《巴拿巴书》12:6; Justin, *Dial.* 94; Tertullian, *Adv. Marc.* 3.18; *Adv. Jud.* 10.10; *De idol.* 5.5; Cyril Jer., *Cat. Lect.* 13.20; *Daniélou*, *From Shadows to Reality*, pp.167—170。

㉝ 《民数记》21:8。

㉞ 《加拉太书》6:14。

㉟ 《诗篇》118:120(合和本无此节,中译者按英文直译)。关于把灵性生活比作死而复活,参见 *In Cant.* 12, 14, Vol.6, pp.342, 12ff., 404, 22ff. (MG 44.1016C—D, 1068A)。

㊱ 这不同于第二卷 257 节的关于钉子的象征论。

的，无一不是蛇），律法就为我们预示了那显现在木头上的事物。这事物只是蛇的像，不是蛇本身，如伟大的保罗自己所说的，"成为罪身的形状"。[387]罪是真蛇，凡是逃向罪的，都披戴上蛇的本性。[388]

276. 因而，借着那取了罪的形状，成为我们这些转变为蛇的形式的人的主，人得以从罪中释放出来。他不让毒兽的嘶咬成为致命的，但毒兽本身并没有除灭。这里的兽我指的就是欲望。试想，虽然由罪引起的死这种恶不再支配那些仰望十字架的人，但与灵争战的肉身的情欲[389]并没有完全消失。

277. 事实上，就是在信徒中间，欲望的嘶咬也是非常活跃的。[390]然而，仰望升挂在木头上的主的人就能拒斥情欲，就如同用某种药一样，以对诫命的畏惧，来稀释毒液。主的声音清楚地教导说，在旷野高高举起来的蛇是十字架奥秘的一个记号[391]，他说："摩西在旷野怎样举蛇，人子也必照样被举起来。"[392]

真正的祭司之职

278. 同样，罪以其惯常的方式持续发展，不断滋生。而立法者，就像一位医生，针对恶所生出的，调整医治方案。当蛇的噬咬对那些仰望

---

[387] 《罗马书》8：3 (Douay 译本)。
[388] 第二卷 29 节以下有更为详细的讨论。
[389] 《加拉太书》5：16 以下。
[390] 这一解释受斐洛对这一故事注释的影响，*Leg. alleg.* 2. 19. 76 — 21. 85，但是关于医治，斐洛只提供"相反的一种蛇，即自制"。格列高利常常把享乐比作动物——参见 *In inscrip. Ps.* 2. 14，Vol. 5, p. 156, 20 — 27 (MG 44. 588A)； *In Eccl.* 2, Vol. 5, p. 311, 7 (MG44. 648A)； *De or. dom.* 4 (MG 44. 1172A — B)； *De prof. Chris.*，Vol. 8, 1, p. 137, 17ff. (MG 46. 245B)。见 Daniélou, Platonisme... pp. 74ff.，柏拉图《理想国》588b。
[391] Cornutus 用 "$\tau\acute{\upsilon}\pi o\varsigma$" 表示 "象征"（p. 6, 9 Lang）。斐洛在与同一段落相关的地方用 "$\dot{\alpha}\lambda\lambda\eta\gamma o\epsilon\acute{\iota}\alpha$" 表示（见前一注）。
[392] 《约翰福音》3：14。

蛇像的人失效之后——你当然知道这比喻是指什么意思——对手又想出另一计谋来对付我们，他对这样的事总是乐此不疲。

279. 就是现在，也可以看到这样的事在许多场合发生着。比如，某些人只是因为生活中行为自律，惩治情欲，就把自己推到祭司的职位上，以属人的热情和自私的野心夸口为神的执事。[293]那被历史指控在人中间制造恶的罪魁祸首，又领着人走向下一个罪。

280. 当那些原本充满情欲的人信了挂在木头上的那位，地上就不再生出蛇来咬他们，于是他们自认为已经远离恶毒的噬咬。正是在此时，当淫欲离开他们之时，傲慢之病滋生，取代先前那种疾病。他们认为恪守指派给他们的职位太卑微了，于是就一头扎进高贵的祭司行列，把那些早已从神获得这一职责的人刻意挤出来。[294]这样的人被裂开的缝隙吞噬，且被毁灭。留在地上的那些则被闪电烧成灰烬。[295]

我想，圣经是在历史书中教导我们，当人傲慢地自我炫耀的时候，就是坠落到地底下毁灭的时候。如果透过这些事件把傲慢界定为下降，也许并非不合情理。

281. 即便大众的看法指向相反的观念，也不必惊奇，事实上，一般人都认为"傲慢"这个词意指"在别人之上"。但是历史叙述的事实证实了我们的定义。试想，既然那些抬高自己在别人之上的人以某种方式向下坠落，因为地为他们张开了裂缝，那么谁也不会对"傲慢"就是"一种可怜的坠落"这样的界定有什么异议。

282. 摩西告诫那些看见这事的人要保持谦逊，不可夸口自己的义行，而要始终保持目前的良好性情。克服了享乐并不意味着不再被其他的情欲控制，因为每一种情欲，只要它是情欲，就是一种堕落。情

---

[293] 关于"οἰκονομία"见注释185。
[294] 对教会阴谋的这一批判暗指格列高利自己生活中发生的事件。参见 *Ep.* 1, Vol. 8, 2, pp. 3f. (MG 46.1000C－1001A)。对那些渴望成为祭司但不配当的人的类似批判，见 Gregory Nazianzus, *Or.* 36. 2 (MG 36.268A)，及 Basil, *Sermo de renun. saec.* 4；10 (MG 31.633B；648A－B)。
[295] 《民数记》16：31—35。

欲是多种多样的,但不意味着堕落也各不相同。在容易跌倒的情欲上跌倒是坠落,与被傲慢绊倒向下坠落一样,没有区别。人若是明智的,就不会去选择哪一种坠落,而是对一切坠落,只要它是坠落,就避之不及。

283. 所以,如果你现在看到有人在某种程度上洁净了享乐之疾,就狂妄起来,自以为在其他人之上,忘乎所以地冲进祭司的职位,那么你要认识到,你所看到的这种人其实正在自己的高傲中坠向地面。因为律法在随后的条例中教导,祭司是属神的,而不是属人的。它是这样教导这一点的。

284. 摩西收到各支派的杖,在上面刻上那些交杖给他的人的名字,然后把它们放在祭坛上。结果,其中一根杖成为见证神职授任是属天的证据,⁽³⁹⁶⁾因为它借着一个神迹与其他杖区分开来。这事是这样的。其他人的杖保持原状,而祭司的杖自发地生根发芽(不是靠任何外加的水分,完全靠着神放在它里面的大能),抽出枝条,结出果子,果子成熟。这果子是有核的。

285. 这一事件对所有受训的人都有启发意义。就亚伦之杖结出的果子来说,可以认识到祭司的生活必须具有这样的特点,即一种自制的生活,外表上坚硬而干燥,里面(隐秘不可见)却包含着可吃的东西。当果子成熟,坚硬的壳剥落,除去像木头一样盖在食物上的膜,它就显露出来了。⁽³⁹⁷⁾

286. 如果你发现我们所讨论的这种祭司生活就像温柏一样,芳香,色如玫瑰,就如许多人的生活:那些用细麻和紫色装点自己的人,那些在满摆食物的餐桌上饱尝美味的人,那些喝纯度的酒,用最好的没药涂

⁽³⁹⁶⁾ 神职授任被看为神的指派和祝福 —— Chrysostom, *In Act. hom.* 14 (MG 60.116); *In 1 Tim. hom.* 5 (MG 62.525 — 527)。见 Ferguson, *Ordination in the Ancient Church*, pp. 350 — 352。

⁽³⁹⁷⁾ 同样的象征法应用于第二卷 193 节的石榴。这一使用源于斐洛《论摩西的生平》2.33.178 — 34.184。亦见 Origen, *In Num. hom.* 9.7。亚伦的杖外面坚硬粗糙,里面甜美,也可见于 Ambrose, *Ep.* 41.3。*Midrash Rabbah, Exodus* 23.10 论到那些外表丑陋而内心美丽(满有美好之物)的学者。

抹自己的人，⁽³⁹⁸⁾那些利用一切在品尝过奢侈生活的人看来宜人的东西的人，那么你就有足够的理由把福音书里的话用到这一情形："我看你的果子，但我没有认出这是祭司之树。"⁽³⁹⁹⁾祭司是一种果子，而这种生活是另一种果子。一种果子是自制，另一种是自我放纵。祭司的果子不是靠属地的水分成熟，而这种果子有许多从地下涌出的喜乐之水流，靠这水，生命果子才达到如此的成熟境地。⁽⁴⁰⁰⁾

正　道

287. 当百姓洁净了这种情欲，他们就穿过了异域的生活。只要律法引导他们在正道（royal highway）上行走，⁽⁴⁰¹⁾他们就绝不可能偏离正道。行路的人是很容易偏离正道的。设想两个悬崖之间一条狭窄的通道，人走在这样的道上，无论偏向哪个方向都很危险（因为人只要有所偏离，就会被两边的悬崖吞噬）。同样，律法要求遵循它的人不可离开正道，这道如主所说的，又狭窄，又难走，所以，要谨守遵行，不偏左右。⁽⁴⁰²⁾

288. 这一教训说明美德在不偏不倚中见出。⁽⁴⁰³⁾相应地，所有的邪恶自

⁽³⁹⁸⁾ 参见《路加福音》16：19；《阿摩司书》6：6。
⁽³⁹⁹⁾ 《路加福音》6：43，意译。参见合本6：43—44译文："没有好树结坏果子，也没有坏树结好果子。凡树木看果子，就可以认出它来。"——中译者注
⁽⁴⁰⁰⁾ Aeschylus, *Supp.* 997—998.
⁽⁴⁰¹⁾ 《民数记》20：7（和合本无此节——中译者注）。斐洛认为"正道"表示引向神的理性（*Gig.* 14. 64）。
⁽⁴⁰²⁾ 《马太福音》7：14；《申命记》28：14。亦见 Clement Alexandria, *Strom.* 4.2.5，把斐洛的"正路"与《马太福音》7：14 的"小"路结合起来。在 *In Cant.* 11, Vol. 6, p. 330, 15f.（MG 44.1008A）里，基督就是"道路"，采用奥利金的 *In Num. hom.* 12.4. 的观点。*In Cant.* 段落反对偏左偏右。关于旅程和道路的主题，参见 Philo *Quaest. Ex.* 2.26。
⁽⁴⁰³⁾ 美德就是居中的理论出于亚里士多德《尼各马科伦理学》1106 27，36。斐洛早已把处于过分与缺乏之间的居中用于"正道"（*Spec. leg.* 4.32.168；*Imm.* 34.159—35.165）。参见 *In Cant.* 9, Vol. 6, p. 284，5—15（MG 44.972A）；*In Eccl.* 6, Vol. 5, p. 375, 4ff.（MG 44.697D）；*De virg.* 15, Vol. 8, 1, p. 313, 8—13（MG 46.385B）。参见 Muckle, *op. cit.*, p. 69；E. G. Konstantinou, *op. cit.*, pp. 112—117。

然就运行在相对于美德的某种缺乏或者过分之中。就勇敢来说，胆怯是这种美德的缺乏，而鲁莽则是它的过分。可以看到，否定两者的事物就处于这两种相对应的恶之间，就是美德。同样，所有其他追求美善的事物也多少处于相邻两种邪恶之间，取其中路。

289. 智慧持守精明和单纯的中间状态。无论是蛇的狡诈，还是鸽子的单纯[404]，若是就其本身来说，都不是可赞美的。毋宁说，正是执两端而居中的品质才是美德。人若是缺乏节制[405]，那就是放荡，超出节制的人，如使徒所说的，"良心如同被热铁烙惯了一般"。[406]因为一者放任自己，毫无节制地享乐；另一者则玷污婚姻，似乎它与通奸无异。而在两者之间居中的态度就是节制。

290. 如主所说，因为"这世界卧在邪恶之下"[407]，凡是与美德相对的一切（就是邪恶）都是与那些谨守律法的人格格不入的，此生穿越这个世界的人，只要真正坚守那很坎坷但借着美德变得平坦[408]的正道，就必能安全地完成这必不可少的美德之旅，任何情况下都不会因恶偏向旁门左道。

巴兰和摩押的女儿

291. 我们已经说过，魔鬼的攻击伴随着美德的上升，并寻求相应的机会策反使恶，因为百姓在虔敬生活上有了提高，魔鬼就展开另一次攻击，就如军事家在战争中使用策略那样。就这后者来说，如果他们估计

---

[404] 《马太福音》10：16。
[405] 见注释120。
[406] 《提摩太前书》4：2。
[407] 《约翰一书》5：19 (Douay 译本，有改动)。
[408] Λεωφόεος 与 ἀνοδία 相反，指正路，这已经出现在斐洛的 *De post. Cain.* 30.102 和亚历山大的克莱门特的 *Strom.* 7.15.91 中。

到公开争战，自己的对手远比自己强大，就会设计埋伏。同样，恶的最高头目不再拿自己的力量公开对付那些用律法和美德武装起来的人，而是对他们设下埋伏，暗暗地攻击他们。

292. 他施展邪术，召集同盟共同反对他所攻击的人。历史书记载，这邪术就是一个占卜师从鬼魔的运作得了破坏力，用这种力量攻击对手，米甸人的头付钱请他咒诅那些向神而活的人，但结果他把咒诅变成了一种祝福。我们透过先前所沉思的一系列事件认识到，邪术于那些生活在美德中的人是毫无果效的；相反，那些因神的帮助而坚固的人能胜过任何形式的攻击。

293. 历史见证了通过观察鸟类得到的预言，它记载，有人提到他拥有预言的能力，可以从鸟得到信息。此前它证明，他的驴叫起来，教他知道现在的任务是什么。[409]因为他通常可以在魔力帮助下从非理性活物发出的声音中获得劝告[410]，所以圣经清楚地描述了驴说话的情节。于是，这就表明，那些原先被鬼魔的骗术压倒的人，已经认识到他接受的教训不是推导出来的，而是充分注意非理性动物的声音得来的。由于注意到了驴，他就从那些原先欺骗他的事情中得了教训，知道了他受雇去攻击的那些人的力量是不可战胜的。

294. 福音书里的历史记载也同样，那"群"，就是一群污鬼，随时准备反对主的权威。当那胜过万物的大能者走近了，鬼群就高呼他卓绝的大能，也未隐藏真相——即这是神性在适当的时候惩罚那些犯了罪的人。[411]因为鬼的声音说："我们知道你是谁，乃是神的圣者"；"时候还没有到，你就上这里来叫我们受苦吗？"[412]早先时候，当伴随着占卜者巴兰的魔力告诉他说神的百姓是不可战胜的，所发生的也是同样的事。

---

[409] 《民数记》22：22 以下。告诉巴兰该做什么的不是驴，而是天使。七十士译本的 24：1 提到鸟。
[410] 见第一卷注释 117 节关于邪术具有恶魔性的论断。关于这一情节，见 Origen, *In Num. hom.* 13.5。
[411] 《马可福音》5：9（《路加福音》8：30）。
[412] 《马可福音》1：24（《路加福音》4：35）和《马太福音》8：29。

295. 但是，因为我们把历史记载融入我们早先的考察之中，我们说凡是想要咒诅那些生活在美德里的人的，根本不可能发出有害的、恶意的声音，相反，那咒诅变成了一种祝福。我们所说的意思是：咒骂和非难丝毫伤不到那些按美德生活的人。

296. 试想，一无所有的人怎么可能被指责为贪婪；过着隐退的独居生活的人，谁能向他传讲放荡；或者对温顺的人，如何讲暴怒；对生活节制的人。怎样讲奢侈；对那些以各种美德闻名的人，怎么可能传讲种种邪恶之事。他们的目标是将自己的生命无可指摘地呈现出来，以便——如使徒说的——"叫那反对的人，既无处可说我们的不是，便自觉羞愧。"[413]因而那召来说咒诅的人说："神没有咒诅的，我焉能咒诅？"[414]也就是说："人既没有任何可指责之处，他的生活不受恶的影响，因为他信靠神，这样的人，我怎能咒诅他？"

297. 恶的制造者虽然在这事上落了空，但他仍然没有完全停止秘密策划反对那些他所攻击的人。相反，他又诉求于他特有的计谋，通过享乐来引诱本性向恶。[415]享乐实在就像恶的诱饵，只要把它轻轻地抛出去，就把贪婪的心吸引到毁灭的鱼钩上来。[416]尤其是当本性受到放荡之乐的引诱，自己又不警觉的时候，就会偏向恶。这正是发生在那个时候的事。

298. 那些胜了仇敌军队的人，那些凭自己的力量胜过每一次带着铁制兵器发动的攻击的人，那些靠自己的英勇改变仇敌战线的人，所有这些人都被阴柔的享乐之箭伤害。那些在男人中显得强壮无畏的，却被女人轻易征服。[417]只要女子出现在他们面前，搔首弄姿，而不是舞枪弄棒，他们就忘了自己的男子汉气概，在享乐之中耗尽精力。

---

[413] 《提多书》2：8。
[414] 《民数记》23：8。
[415] 同样的公式见 Lucian, *Apol.* 9; Julian, *Or.* 6. 185a。
[416] 柏拉图《蒂迈欧篇》69d；《理想国》579b。
[417] 奥利金 *In Num. hom.* 20.5，在属灵意义上阐述了这一故事，而格列高利则从道德意义上理解。

299. 甚至可以预料他们中有人欲火焚身，⑱想与外邦女子行苟合之事。然而，与恶亲密无间就意味着远离至善的协助；事实上神旋即对他们发动了战争。不过，热心的非尼哈并没有等着天上的审判来洁净罪，他自己同时就做了审判官和陪审员。

300. 因为对充满淫欲的人感到愤怒，他就施行祭司的作为，用血来洁净罪，不是某种不沾染一丝淫荡之污的清洁活物的血，而是那些彼此在恶中联合的人的血。长矛刺穿两个交合的身体，伸张了神的公义，把那些犯罪之人的享乐与死结合在一起。⑲

301. 在我看来，这样的历史记载为人提供了一些有益的告诫。它告诉我们，烦扰人类思想的众多情欲中，没有哪一种比享乐的疾病更猖獗。那些以色列人已经显明比埃及骑兵强大，也胜了亚玛力人，使邻国对他们感到畏惧，后来又胜了米甸人的军队，然而当他们一看到外邦女子出现，就被这种疾病困扰，如我所说的，享乐是我们艰苦争战、难以战胜的仇敌。

302. 那些不曾被兵器打败的人，享乐仅凭自己的外表就把他们征服了，她升起羞辱他们的旗子，树起他们的耻辱为公众取笑。享乐表明她使人成了兽。⑳对淫荡的非理性的兽性冲动使他们忘掉自己的人性；他们不是隐藏自己无度的欲望，而是用情欲的耻辱装饰自己，用名誉的污点美化自己，因为他们就像猪，陷入了肮脏的泥沼，成为众人观看的对象。

303. 那么我们从这样的记载中得到什么教训呢？就是：我们既已得知享乐这种疾病之恶拥有多大的力量，就当使自己的生活尽可能远离它；否则，这病就可能找到破口攻击我们，就像火，只要靠近，就会引

---

⑱ 参见 Ps. Phocylides 214, λυσσάω πεὸς μειθιν。

⑲ 参考 *De beat.* 6 (MG 44.1276A)。在 *In bapt. Christi* (MG 46.597C) 里，非尼哈的长矛是借洗礼毁灭旧人的象征。

⑳ 情欲把人变成兽。见注释390。Abraham J. Malherbe, "The Beasts at Ephesus," *Journal of Biblical Literature* 87 (1968): 71—80。

发邪恶火焰。《所罗门智训》也教导了这一点,他说,人不可光脚在火炭上走,也不可怀里揣火。㊷同样,远离情欲,不受影响,㊷这是我们力所能及的事,只要我们远离那点火之物即可。如果我们一步步走近这燃烧之火,总有一天,欲望之火将在我们怀里烧着,由此就可以说,我们的脚和怀都要被烧灼。

304. 为了能使我们远离这样的恶,主在福音书里以自己的声音剪除这恶的根基,即由视觉而引发的欲望。他教导说,人凡看见而动情欲的,就是为对他有害的疾病打开了通道。㊷因为情欲之恶就如同瘟疫,一旦掌控了重要部分,唯有至死才能止住。

仆人的完全

305. 我想没有必要把摩西的整个生平事迹一一呈现给读者,为树立美德上的榜样做冗长的讨论。因为对奋力追求高尚生活的人来说,以上的讨论足以提供真智慧。而对在追求美德的艰辛中显出软弱的人来说㊷,即使再说更多的事迹,再举更多的例子,也不可能有所收益。㊷

306. 然而,我们不可忘记在前言里所做的界定。㊷那里我们指出,完全的生活是这样的,无论它怎样完全,都不妨碍它继续前进;不断地向更高的善前进就是灵魂走向完全的路。我们只要在讨论摩西生平结束的

㊷ 《箴言》6:28、27。教父们常常以智慧书的名义引用《箴言》——*Vit. S. Mac.*, Vol. 8, 1, p. 373, 20f. (MG 46.961D); Justin, *Dial.* 129.3; Eusebius, *H. E.* 4.22.9。在《克莱门特一书》57:3 和亚历山大的克莱门特的 *Strom.* 1.19 的引用中,智慧就是说话者。参见 Sophocles, *Antigone* 618, 619。

㊷ 关于 ἀπάθεια 见 Daniélou, *Platonisme...* pp. 63ff., 92—103; Aubineau, SC 119: 166f.。

㊷ 《马太福音》5:28 以下。

㊷ Jaeger, *Two Rediscovered Works*, p. 78, 有关于追求美德生活进程中必然有的"额上汗水"的类似论述。

㊷ Hesiod, *Op.* 289.

㊷ 见第一卷 8 节。

时候，表明我们所提出的关于完全的定义是确定无疑的，那就是很好的结论了。

307. 人若是通过这样的上升，使自己的生活提升到属世事物之上，那么我想，他绝不会做不到始终比他原来的自己更高贵，最后，就像一只雄鹰，使他生命中的一切事都显现在高高的云层之上，围绕着灵性上升的以太旋转。[427]

308. 摩西出生的时候正是埃及人认为希伯来人的出生违法的时候。[428] 当时掌权的暴君颁布法律处死所有出生的男婴，但摩西战胜了那杀人的法律，先是他父母救了他，后是那些制定法律的人救了他。那些原想用法律治他于死地的人，实际上不仅尽心照料他的生活，还为他提供备受尊敬的教育，把这位年轻人引导到一切智慧面前。

309. 这之后他超越属人的荣耀，升到尊贵之上，认为尽心追求美德比持矛拿枪更强有力，以美德装饰自己比佩戴名贵饰品更为高贵。

310. 后来，他救了自己的同胞，击杀埃及人；从我们对此的解释和沉思中可以知道灵魂的朋友和仇敌。然后，他隐退，成为教导高贵之事的老师，于是，从荆棘丛中闪现出来的光照亮了他的悟性。然后他急切地与自己的同胞分享从神临到他的美好之事。

311. 在那个时候，他从两个方面证明了自己的能力，一方面聪明地一个一个击退了对手，另一方面对自己的同胞行善。他领着这些百姓徒步走过大海，并没有为自己建造船队，事实上，他使他们的信心成为渡海的船只。他使海底成为希伯来人的干地，使干地成为埃及人的海洋。

312. 他唱响胜利凯歌；他有云柱引路；他被天上的火照亮；他拿从天上降下给他的食物预备了一桌筵席；他从磐石引出水；[429] 他伸出双手毁灭了亚玛力人；他登上山；他进入幽暗；他听到号角；他靠近神性；他

---

[427] 关于鹰的比喻，见 *In Inscrip. Ps.* 1.8, Vol. 5, p. 52, 13 (MG 44.465D)。
[428] 这些"概述"不只是叙述，其目的是为了强调进步的主题。
[429] 我们仿效现代译者的做法，给出有确定含义的描述。

被天上的帐幕环绕；他使祭司之职生色；他建起帐幕；他立法规范生活；他以我们所描述的方式打赢了最后的仗。

313. 他最后的义行是借着祭司之职惩治了淫荡。这由非尼哈对情欲的愤怒表现出来。经过所有这一切之后，他就去了安息之山。他不曾涉足那因出于应许之故令百姓向往的下面的地。他既更愿意靠从上面降下的食物为生，就不再品尝地上的食物。但是他到了山顶之后，就像一位优秀的雕塑家，把自己一生的整个雕像塑造得非常精致，[429]并不是简单地结束他的作品，而是给他的作品做了最后的润饰。[430]

314. 历史书对此是怎么记载的？"于是，耶和华的仆人摩西死在摩押地，正如耶和华所说的，……只是到今日没有人知道他的坟墓。摩西死的时候……眼目没有昏花，精神没有衰败。"[431]由此我们知道，当人成就了这样高尚的行为之后，就被认为配得这个高贵的名字，得称为"耶和华的仆人"[432]，这就等同于说他比所有其他人更杰出。因为人若没有成为比世上其他一切人都卓越的人，就不可能事奉神。这对他是美德生活的终结和目标，[433]是借着神的道成就的。历史书论到的这种"死"，是永生的死，[434]随之而来的不是坟茔、墓穴，也不是眼目昏花，面容衰败。

315. 那么通过这些话，我们得到什么教训呢？生活要有并且只有一个目标：通过我们所追求的美德生活得称为神的仆人。当你征服了所有的仇敌（埃及人、亚玛力人、以土买人、米甸人），又过了海之后，就被

---

[429] 格列高利在 In Inscrip. Ps. 2.11, Vol.5, pp.115－117（MG 44.544A－D）；In Cant. 14, Vol.6, p.407, 17ff.（MG 44.1069B－C）里对这一解释有更详细的阐述。这比喻出于普罗提诺《九章集》1.6.9。关于《九章集》1.6 对格列高利的影响，见 Daniélou，"Grégoire de Nysse et Plotin," *Association Guillaume Budé. Congrès de Tours et Poitiers*（1953）*Actes du congrès*（Paris, 1954）, pp.259－262。

[430] 斐洛把摩西的死看做一种典范（《论摩西的生平》2.288 以下），但巴勒斯坦的犹太教认为它是为以色列赎罪（Bloch, *Moïse*, p.131）。

[431] 《申命记》34：5－7 有改动。关于事奉神的理想已经出现在斐洛那里，见 Völker, *op. cit.*, pp.330ff.。

[432] 《民数记》12：7 和《希伯来书》3：15。"摩西这忠心的仆人"是查士丁最喜欢的一个表达，尤其是 *Dial.* 46.3；56.1；79.4，130.1。

[433] 格列高利用了双关语，既有"终结"的意思，也有"目标"的意思。

[434] 关于格列高利的其他矛盾修辞法，见第二卷 163 节及注释 198，第二卷 281 节。

云照亮，因木头变甜，喝磐石里流出的水，尝天上降下的粮，借着纯洁和圣洁登上山；当你到达那里之后，又有号角的声音指教你神的奥秘，凭着你的信心在参不透的幽暗里接近神，得知帐幕的奥秘和祭司的尊贵。

316. 当你作为一个雕塑家，在你自己的心头刻上你从神领受的圣言；⑯当你毁灭金制偶像⑰（也就是说，如果你除去你生活中的贪欲）；当你上升到非常高的地方，就是巴兰的法术也显然奈何不了你（从"法术"你必认识到此生的狡诈骗术，⑱就像女巫瑟茜[Circe]的某种迷魂药，⑲把人迷倒，变成非理性动物的样式，忘却自己特有的本性）；当你经历了所有这些事，祭司的杖在你身上开花，不从地里汲取一点水分，自身拥有结出果子的独特权能（那是坚果，乍尝之下是苦涩的，但里面是甜美可食的）；当你消灭了与你的美德对立的一切，就如大坍被地吞噬，可拉被火烧灭——然后，你必靠近目标。

317. 我说的"目标"是指一切行为所指向的目的，比如，耕作的目标是为了享有它的果实；建房的目标是为了居住；商业的目标是获取财富；奋力比赛的目标是赢得奖赏。同样，最高贵的生活方式的目标就是得称为神的仆人。从这种尊贵的层面去思考一种没有坟墓笼罩的死，它指的是简单而完全摆脱恶的附属物的生活。⑳

---

⑯ 格列高利把神手刻的法版比喻为灵魂的最初被造（后来破碎了——第二卷 215 节）以及道成肉身（神在人的材料上书写——第二卷 216 节）；这里他看到神道在灵魂里运作的一个形象，甚至如保罗在《哥林多后书》9 章比喻说圣灵在我们心里书写——参见 In laud. frat. Bas. (MG 46.812A – B)；In Cant. 14, Vol. 6, p. 414, 12ff. (MG 44.1076B). 在 Adv. eos qui diff. bapt. (MG 46.417B – C) 手指和法版被比作洗礼的题字。

⑰ 金牛犊在上面第二卷 203 节也有不同的解释。格列高利从不认为要局限于一种解释。

⑱ 对巴兰的一种新的象征论。情欲的法术般的魔力是普罗提诺的主题（《九章集》4.3.17）。这一主题也常常出现在格列高利笔下——In Cant. 10, Vol. 5, pp. 313, 17ff.；316, 4 (MG 44.993C, 996A – B). 关于因情欲变成动物，参见注释 390。

⑲ De beat. 2 (MG 44.1216C) 另一次提到瑟茜的迷魂药，C. Eun. 3. 2, Vol. 2, pp. 77, 25 – 78, 11 (MG 45.645B – C) 的另一种背景下也提到。见荷马《奥德赛》10.212 以下；Horace, Ep. 1. 2. 23 – 26。

⑳ 直译"没有恶"。这是格列高利与克里索斯托"Homily on the Pascha of 387"的一个相似之处，如 F. Floëri 和 P. Nautin 在他们的 SC 版本（No. 48, Homélies Pascales 3）表明的。

318. 圣经还描述了事奉神的另一个特点：眼目没有昏花，面容没有衰败。确实，始终处在光里的眼目怎么可能因那永远与它分离的黑暗而变得昏花呢？这样的人在一生中尽各种方式取得了不朽，不可能再接纳任何败坏。因为真正成为具有神的形象[441]的人、绝不再偏离神性的人，就在自身中刻上了区别的标记，在一切事上都表明他与原型的一致性；他以那不朽坏的、不变动的事物美化他自己的灵魂，对恶则毫不沾染。[442]

结　　论

319. 凯撒利乌[443]啊，属神的人，我们已经把伟大的摩西的生平作为美的典范做了概略的追溯，简要地把与完全的美德生活相关的这些事写给你，好叫我们每个人都能效仿他的生活方式，具有已经向我们显现出来的美的形象。要证明摩西确实达到了完全，在可能找到的证据中还有比神的声音更可靠的吗？神说："我认识你胜过别人。"[444]另外，神亲自称他为"神的朋友"[445]；他恳求神（Divine One）赦免以色列人的过犯，神若不借自己的良善旨意赦免，摩西就宁愿与其他人一同被灭，以此阻止了神对他们的烈怒，这些事实也是明证。神移开了审判，免得他的朋友忧愁。[446]所有这些事都清楚地表明一个事实，那就是摩西的生活确实升到了

---

[441] 我们这篇作品中，神的形象主题在这里是第一次出现，但它在格列高利的作品里占据重要地位。见 R. Leys, *op. cit.*, H. Merki, *op. cit.* 和 Walter J. Burghardt, *The Image of God in Man according to Cyril of Alexandria* (Washington, 1957), p.4, 在格列高利看来，如阿塔那修一样，"εἰκών" 与 "ὁμοίωσις" 之间没有本质分别。这可以解释为何神的形象作为灵性生活的终结而出现。"美德生活的目标就是变得像神一样"——*In Cant.* 8, Vol.6, p.271, 11f. (MG 44.960D—961A)。

[442] 这些特点就是格列高利标出的神之形象的特点。参见 Daniélou, *Platonisme...* pp. 48—51；Muckle, *op. cit.*, pp.64—69；Leys, "La théologie spirituelle de Grégoire de Nysse." *Studia Patristica* 2 (1957): 499ff.。

[443] 见导论 pp. 2f.。

[444] 《出埃及记》33：17，12，七十士译本。

[445] 《出埃及记》33：11。

[446] 关于摩西作为代祷者，见第一卷注释79。

完全的最高峰。㊇

320. 既然我们一直寻求的事物就是美德生活的目标,而这一目标已经在我们的阐述中显明出来,那么,尊贵的朋友,现在你就该朝向那个榜样,通过对真实叙述的事件做灵性解释,把沉思所得的光照转化到你自己的生活之中,成为神所认识的,成为他的朋友。真正的完全乃在于:不是因为我们像奴仆一样恐惧惩罚才尽力避免邪恶生活,也不是因为盼望得到回报才去行善,似乎通过某种生意合约兑现美德生活的酬金;相反,对我们所盼望的并由应许所留存的一切事,我们都放在一旁,把不能做神的朋友看做唯一可怕的事,认为成为神的朋友是唯一值得荣耀和渴望的事。㊈如我所说的,这就是生命的完全。

321. 随着你的悟性提升到高尚而神圣的事上,可以肯定,不论你发现什么(我完全知道你必会发现许多东西),都是为了基督耶稣里的共同福祉。阿们!

㊇ Philo, *Quaest. Ex.* 2.40。

㊈ 斐洛在 *Quaest. Ex.* 2.21 论及这一希腊化观点。事奉神的三重动机,见 *In Cant.* 1, Vol. 6, pp. 15, 15—16, 10 (MG 44.765B—C)。参见 Völker, pp. 250—253。

参考书目

版本和译本

Blum, Manfred. *Gregor von Nyssa, Der Aufstieg des Moses.* Sophia 4. Freiburg, 1963.

Daniélou, Jean. *Grégoire de Nysse, La Vie de Moïse.* Sources Chrétiennes 1 bis. Paris, 1955.

Migne, J. P. *Patrologiae Graecae* 44. Paris, 1863.

Musurillo, Herbertus. *Gregorii Nysseni, De Vita Moysis. Gregorii Nysseni Opera* 7, 1, ed. W. Jaeger and Hermannus Langerbeck. Leiden. 1964.

论文

Balás, David L. ΜΕΤΟΥΣΙΑ ΘΕΟΥ *Man's Participation in God's Perfections according to Saint Gregory of Nyssa. Studia Anselmiana*, 55. Rome, 1966.

Balthasar, H. v. , *Presence et Pensée. Essaisur la philosophie religieuse de Grégoire de Nysse.* Paris, 1942.

Bebis, George S. "Gregory of Nyssa's 'De Vita Moysis': A Philosophical and Theological Analysis. " *Greek Orthodox Theological Review* 12 (1967): 369 – 393.

Cazelles, H. , et al. *Moïse, L'homme de l'alliance.* Paris, 1955.

Cherniss, H. F. *The Platonism of Gregory of Nyssa* (University of California Publications in Classical Philology XI). Berkeley, 1930.

Daniélou, Jean. *Platonisme et Théologie Mystique.* Théologie 2. Paris, 1944.

Daniélou, Jean, and Herbert Musurillo. *From Glory to Glory: Texts from Gregory of Nyssa's Mystical Writings.* London, 1961.

Ivánka, E. v., *Hellenisches und Christliches im frühbyzantinischen Geistesleben.* Vienna, 1948.

Jaeger, W., *Two Rediscovered Works of Ancient Christian Literature: Gregory of Nyssa and Macarius.* Leiden, 1954.

Konstantinou, Evangelos G., *Die Tugendlehre Gregors von Nyssa im Verhältnis zu der Antike-Philosophischen und Judisch-Christlichen Tradition.* Würzburg, 1966.

Leys, R., *L'image de Dieu chez Saint Grégoire de Nysse. Esquisse d'une doctrine.* Paris. 1951.

Merki, H., ‛Ομοίωσις Θεῷ. *Von der platonischen Angleichung an Gott zur Gottähnlichkeit bei Gregor von Nyssa* (Paradosis VII). Freiburg, 1952.

Mühlenberg, E., *Die Unendlichkeit Gottes bei Gregor von Nyssa. Gregors Kritik am Gottesbegriff der klassischen Metaphysik. (Forschungen zur Kirchen-und Dogmengeschichte, 16).* Göttingen, 1966.

Völker, W., *Gregor von Nyssa als Mystiker.* Wiesbaden, 1955.

缩 略 语

ACW *Ancient Christian Writers*, ed. J. Quasten and J. C. Plumpe (Westminster, Md., 1946 -)

Balás David L. Balás, METOY Σ IA ΘEOY *Man's Participation in God's Perfections according to Saint Gregory of Nyssa* (Studia Anselmiana, 55, Rome, 1966).

Daniélou Jean Daniélou, *Gregoire de Nysse, La Vie de Moïse* (Sources Chrétiennes 1, Paris, 1955).

Daniélou, *Platonisme* Jean Daniélou, *Platonisme et Théologie Mystique* (Théologie 2, Paris, 1944).

DOP *Dumbarton Oaks Papers* (Cambridge, Mass., 1941 -).

Glory to Glory Jean Daniélou and Herbertus Musurillo, *From Glory to Glory: Texts from Gregory of Nyssa's Mystical Writings* (London, 1961).

Jaeger Werner Jaeger, ed., *Gregorii Nysseni Opera* (Leiden, 1960 -).

Gregory references are to volume, page, and lines of this edition where available.

Jaeger, *Two Rediscovered Works* Werner Jaeger, *Two Rediscovered Works of Ancient Christian Literature: Gregory of Nyssa and Macarius* (Leiden, 1954).

MG *Patrologia graeca*, ed. J. P. Migne (Paris, 1857 - 1866).

ML *Patrologia Latina*, ed. J. P. Migne (Paris, 1844 - 1855).

Moïse H. Cazelles et al., *Moïse, L'homme de l'alliance* (Paris, 1955).

Musurillo Herbertus Musurillo, *Gregorii Nysseni*, *De Vita Moysis* (Leiden, 1964).

PGL G. W. H. Lampe, *A Patristic Greek Lexicon* (Oxford, 1961 –).

PO *Patrologia Orientalis*, ed. R. Graffin and F. Nau (Paris, 1903).

Pat. Syr. *Patrologia Syriaca*, ed. R. Graffin (Paris, 1894 – 1926).

SC *Sources Chrétiennes*, ed. H. de Lubac and J. Daniélou (Paris, 1942 –).

译 后 记

尼撒的格列高利是早期基督教最著名的思想家之一，也是当代教父学研究最关注的对象之一。无论是就教义性神学还是灵修神学的创制而论，尼撒的格列高利都堪称是基督教思想家中的大师级人物。其灵修神学影响深远，深为现代基督教思想认同。《摩西的生平》一书是基督教思想史上著名的灵修作品，在古代教父中与阿塔那修的《圣安东尼传》齐名。其对于摩西的解释极具特色，是所谓的否定神学的开山之作。书中所论及的"幽暗中的上帝"的观念可谓独辟蹊径，在"光照神学"之外形成基督教的另类灵修传统。

中译本译自 Gregory of Nyssa, Life of Moses, English translated by Abraham Malherbe and Everett Ferguson, Paulist Press, 1978。中译本承蒙 Seekers Foundation 提供翻译资助，谨致谢意！本书翻译为教育部"希腊化和古代晚期西方哲学研究"人文社会科学研究项目（项目批准号：08JA720024）。

感谢许国永先生为中译本提供严谨细致的校对，使本书生色不少。凡翻译中的疏漏理应由我本人负责。盼望读者和专家提出批评意见，以完善译本的质量。

石敏敏
浙江工商大学
2010.2